EJERCICIOS PRÁCTICOS PARA ENRIQUECER TU VOCABULARIO EN ESPAÑOL

Katsuhiro

esencia
esencial

atraer
atractivo

libre
libertad

mundo
mundial

Editorial ASAHI

語彙を豊かに増やすスペイン語練習帳 URL
（語彙リスト）

https://text.asahipress.com/free/spanish/enriquecer_vocabulario/index.html

装丁・イラスト―黒﨑遥

はじめに

　本書は、＜積極的に派生語や関連語まで踏み込んで、スペイン語の語彙を豊かに増やす＞がコンセプトの問題集です。加えて基本語を出発点に少し深掘りして、その理解と表現の実力もレベルアップしたい学習者を対象としています。次々と課題に臨んでパターンをつかみながら興味を持続できるよう工夫してまとめました。

　本書の特徴は、以下の通りです。
・大テーマ（**I** 品詞転換　／　**II** 反対語　／　**III** 言い換え　／　**IV** その他）
　の下に品詞別の語形と意味を軸にした小テーマを設定
・「**IV** その他」では、不規則な過去分詞形、文法性、複数形からことわざ、略
　語等まで多様な切り口のアプローチ
・原則1ページ15題ほどの見やすく分かりやすい配列
・およそ4割の書き込み済み解答はガイド：
　残りの問題に取り組みやすく、効率的効果的に語彙を豊かに増やせる内容
・どこからでも始められて、書き込みながら学習成果を実感できる構成
・基本語からの発展とともに、その見直しと深掘りも意識
・知的好奇心を刺激するお役立ちコラムを掲載
・左記 URL からアクセスできる語彙リストを参照すれば、学習者自身でほぼ
　解答チェックが可能

　本書がスペイン語語彙の発展的な学習の一助となれば幸いです。
　最後に、企画の段階からいく度も貴重な助言をしてくださった朝日出版社の山田敏之氏に深く感謝申し上げます。

2020年9月

著者

目　次

I 品詞転換

I 品詞転換

1. 名詞 ⇒ 形容詞

例にならい、下記の名詞から対応する形容詞を導きましょう。

Ej.	centro	⇒	*central*	（中心の）
	parte	⇒	*parcial*	（部分の）
	hábito	⇒	*habitual*	（習慣的な）

1. comercio	⇒			（商業の）
2. cultura	⇒			（文化の）
3. elemento	⇒			（基本の）
4. esencia	⇒	*esencial*		（本質の）
5. espíritu	⇒	*espiritual*		（精神の、精神的な）
6. fin	⇒			（最後の）
7. forma	⇒			（形の；正式の）
8. función	⇒			（機能的な）
9. fundamento	⇒	*fundamental*		（基礎の）
10. horizonte	⇒	*horizontal*		（水平な）
11. idea	⇒	*ideal*		（理想的な）
12. industria	⇒			（産業の）
13. materia	⇒			（物質の）
14. mente	⇒	*mental*		（精神の；知的な）
15. música	⇒			（音楽の）

用例

Existe una diferencia *esencial* entre ambas disciplinas.

両学問分野の間には本質的な違いが存在する。

Posee un conocimiento *fundamental* de informática.

彼は情報科学の基本的な知識を有する。

Es difícil encontrar una media naranja *ideal*. 理想の伴侶を見つけるのは難しい。

16. nación	⇒	*nacional*	(国の；国民の)
17. norma	⇒		(標準の)
18. occidente	⇒		(西の；西洋の)
19. oriente	⇒		(東の；東洋の)
20. origen	⇒	*original*	(元の；独創的な)
21. persona	⇒	*personal*	(個人的な；本人の)
22. profesión	⇒		(職業(上)の；プロの)
23. sexo	⇒	*sexual*	(性の、性的な)
24. tradición	⇒		(伝統の、伝統的な)
25. universo	⇒		(普遍的な)

- -

26. crimen	⇒	*criminal*	(犯罪の)
27. mundo	⇒	*mundial*	(世界的な)
28. razón	⇒	*racional*	(理性的な)
29. sentimiento	⇒	*sentimental*	(感情的な；感傷的な)
30. vida	⇒	*vital*	(生命の；死活の)

用例

Se importan muchos productos extranjeros en el mercado *nacional*.

国内市場に多くの外国製品が輸入される。

Hay que proteger los datos *personales* recogidos.

収集された個人データを保護しなければならない。

La Copa *Mundial* de fútbol se celebra cada cuatro años.

サッカーのワールドカップは、4年ごとに開催される。

Ej.	círculo	⇒	*circular*	（円形の）
	1. escuela	⇒	*escolar*	（学校の）
	2. familia	⇒		（家族の）
	3. núcleo	⇒	*nuclear*	（核の）
	4. regla	⇒		（規則的な）
	5. sol	⇒		（太陽の）

Ej.	base	⇒	*básico*	（基礎的な）
	1. artista	⇒		（芸術的な）
	2. biología	⇒	*biológico*	（生物学の）
	3. carácter	⇒		（特有の）
	4. ciencia	⇒	*científico*	（科学の）
	5. clase	⇒		（古典の）
	6. drama	⇒	*dramático*	（劇の；劇的な）
	7. economía	⇒		（経済の；経済的な）
	8. energía	⇒		（エネルギッシュな）
	9. historia	⇒	*histórico*	（歴史(上)の；歴史的な）
	10. magia	⇒		（魔法の）

用例

El arma *nuclear* es una amenaza para la humanidad.

核兵器は人類にとって脅威だ。

Es un informe publicado en la revista *científica* Nature.

これは科学雑誌ネイチャーに発表された報告だ。

Roma cuenta con muchos monumentos *históricos*.

ローマは多くの歴史的建造物を有する。

11. órgano	⇒	*orgánico*	（有機の；組織的な）
12. psicología	⇒		（心理学の；心理的な）
13. símbolo	⇒		（象徴的な）
14. sistema	⇒		（体系［組織］的な）
15. tipo	⇒	*típico*	（典型的な）

Ej. | **acto** | ⇒ | ***activo*** | （活動的な）

1. deporte	⇒		（スポーツの）
2. efecto	⇒	*efectivo*	（効果的な）
3. exceso	⇒		（過度の）
4. masa	⇒		（大量の）
5. progreso	⇒	*progresivo*	（前進する；進歩的な）

Ej. | **amor** | ⇒ | ***amoroso*** | （愛の；愛情深い）

1. asombro	⇒		（驚くべき）
2. celos	⇒	*celoso*	（嫉妬深い）
3. dolor	⇒		（痛い；痛ましい）
4. estudio	⇒		（勉強熱心な）
5. fama	⇒	*famoso*	（有名な）

用例

Este es un ejemplo *típico* del fracaso. これは失敗の典型的な例だ。

Hay que tomar medidas *efectivas* para superar la crisis económica.

経済危機を乗り越えるために効果的な対策を取らなければならない。

Ella es una estrella *famosa* a nivel mundial.

彼女は世界レベルで有名なスターだ。

6. lujo	⇒		（ぜいたくな）
7. maravilla	⇒		（驚くべき）
8. misterio	⇒		（神秘的な）
9. nervio	⇒	*nervioso*	（神経の；神経質な；イライラした）
10. número	⇒	*numeroso*	（多数の）
11. peligro	⇒	*peligroso*	（危険な）
12. precio	⇒		（貴重な；素晴らしい）
13. religión	⇒	*religioso*	（宗教の；信心深い）
14. sabor	⇒		（おいしい）
15. sospecha	⇒		（疑わしい、怪しい；容疑者）

----

1. día	⇒	*diario*	（毎日の；新聞；日記）
2. letras	⇒	*literario*	（文学の）
3. necesidad	⇒	*necesario*	（必要な）
4. universidad	⇒	*universitario*	（大学の）
5. voluntad	⇒	*voluntario*	（自由意思による；ボランティア）

用例

Lo importante es no ponerse *nervioso*. 　　大事なのはイライラしないことだ。
Es *peligroso* conducir a esta velocidad. 　　この速度で運転するのは危険だ。
Siempre estudiamos en la biblioteca *universitaria*.

　　　　　　　　　　　　いつも私たちは大学図書館で勉強する。

★**品詞の転換**は、規則的でない語形を生む場合もあるので要注意です。動詞の活用に見られるような母音変化も起きたりします（例. escuela ⇒ escolar）。

2. 形容詞 ⇒ 動詞

例にならい、下記の形容詞から対応する動詞を導きましょう。

Ej. **alegre** ⇒ *alegrar* （喜ばせる）

   1. amplio ⇒ （広げる）

   2. aparente ⇒ （ふりをする）

   3. caliente ⇒ *calentar* （熱する）

   4. completo ⇒ *completar* （完全にする）

   5. concreto ⇒ （具体化する）

   6. crítico ⇒ *criticar* （批判する）

   7. enfermo ⇒ （病気になる）

   8. estrecho ⇒ （狭くする）

   9. extraño ⇒ *extrañar* （不思議に思わせる）

 10. fijo ⇒ （固定する）

 11. igual ⇒ （匹敵する）

 12. inquieto ⇒ （不安にする）

 13. libre ⇒ *liberar / librar* （自由にする／救う）

 14. limpio ⇒ （掃除する）

 15. lleno ⇒ *llenar* （満たす）

用例

Vamos a *calentar* el agua para preparar café.

       コーヒーを入れるためにお湯を沸かそう。

Me *extraña* su manera de hablar.   彼の話し方は変に思える。

Pienso *llenar* esta botella de aceite.   私はこのビンを油で満たそうと思う。

16. mejor	⇒	*mejorar*	（改善する；良くなる）
17. preciso	⇒	*precisar*	（正確にする；必要とする）
18. público	⇒		（出版する；発表する）
19. seco	⇒		（乾かす）
20. vario	⇒		（変わる；変える）

Ej. **especial** ⇒ *especializar* （特殊化する）

1. final	⇒		（終える／終わる）
2. general	⇒		（一般化する）
3. real	⇒	*realizar*	（実現する）
4. tranquilo	⇒	*tranquilizar*	（落ち着かせる）
5. útil	⇒		（利用する）

Ej. **claro** ⇒ *aclarar* （明らかにする）

1. cómodo	⇒		（適合させる）
2. delgado	⇒	*adelgazar*	（細くなる、やせる）
3. firme	⇒		（肯定［断言］する）
4. próximo	⇒		（近づける）
5. seguro	⇒	*asegurar*	（保証する）

用例

El enfermo va a *mejorar* pronto.　　　　　病人はじきに良くなるだろう。

Mi sueño es *realizar* este proyecto.

　　　　　　　　　私の夢はこのプロジェクトを実現することだ。

Lo siento pero no te puedo *asegurar* nada.

　　　　　　　　申し訳ないけど、何も君に保証できないよ。

Ej. **claro**   ⇒   *clarificar*   （明らかにする）

1. diverso   ⇒   *diversificar*   （多様化する）

2. idéntico   ⇒   *identificar*   （識別する；身元確認する）

3. intenso   ⇒   （強化する）

4. justo   ⇒   （正当化する）

5. simple   ⇒   （単純化する）

- -

1. frío   ⇒   *enfriar*   （冷やす）

2. gordo   ⇒   *engordar*   （太る）

3. peor   ⇒   *empeorar*   （悪化させる；悪化する）

4. sucio   ⇒   *ensuciar*   （汚す）

5. oscuro   ⇒   *oscurecer*   （暗くする；日が暮れる）

6. rico   ⇒   *enriquecer*   （豊かにする）

7. viejo   ⇒   *envejecer*   （年を取る）

8. fácil   ⇒   *facilitar*   （容易にする；提供する）

9. feliz   ⇒   *felicitar*   （祝う）

10. nuevo   ⇒   *renovar*   （新しくする）

用例

Aquí hay una víctima sin *identificar*.   ここにひとり身元不明の犠牲者がいる。
Se te va a *enfriar* el café.   コーヒーが冷めてしまうよ。
La población japonesa tiende a *envejecer*.   日本の人口は老齢化の傾向にある。

★＜形容詞から動詞へ：派生ノート＞
タイプⅠ：動詞化の語尾だけ付加（-ar, -izar, -ificar, etc.）。
タイプⅡ：接頭辞（a, en）と動詞化の語尾の組み合せ（a/en ～-ar, etc.）。
　派生の際、母音変化する場合（cal**ie**nte ⇒ cal**e**ntar）もあるので注意しましょう。なお、上の例に挙げた claro からは、他に clarear（夜が明ける），esclarecer（解明する）の語形も生まれています。

3. 動詞 ⇒ 名詞

例にならい、下記の動詞から対応する名詞を導きましょう。

Ej. **abundar** ⇒ *abundancia* （豊富）

　　asistir ⇒ *asistencia* （出席；援助）

1. coincidir	⇒		（(偶然の)一致；同時発生）
2. competir	⇒	*competencia*	（競争；能力；権限）
3. corresponder	⇒		（対応；文通；(交通機関の)乗り換え）
4. depender	⇒		（依存；支店）
5. distar	⇒	*distancia*	（距離）
6. exigir	⇒		（(強い)要求）
7. existir	⇒		（存在）
8. importar	⇒	*importancia*	（重要性）
9. influir	⇒	*influencia*	（影響）
10. preferir	⇒		（好むこと；優先）
11. referir(se)	⇒		（言及；参照）
12. resistir	⇒		（抵抗）
13. tender	⇒		（傾向）
14. urgir	⇒	*urgencia*	（緊急；救急）
15. vigilar	⇒	*vigilancia*	（監視）

用例

Mantengamos la *distancia* de seguridad social.

　　　　　　　　　　　　　　ソーシャルディスタンスを保ちましょう。

Se ve una tendencia a dar *importancia* a la globalización del mercado.

　　　　　　　　　　市場のグローバル化を重視する傾向が見える。

Urgencias 　　　　　　　　　　（病院の）救急センター

Ej.	agradar	⇒	*agrado*	（好み；喜び）
1.	ahorrar	⇒	*ahorro*	（貯蓄；節約）
2.	anunciar	⇒		（通知；広告）
3.	apoyar	⇒		（支え；支持）
4.	arreglar	⇒		（整理；調整）
5.	aumentar	⇒	*aumento*	（増加）
6.	brillar	⇒		（輝き）
7.	cambiar	⇒	*cambio*	（変化）
8.	cargar	⇒	*cargo*	（職務；担当）
9.	consumir	⇒		（消費）
10.	desarrollar	⇒		（進展、発達；展開）
11.	descansar	⇒		（休み）
12.	gastar	⇒	*gasto*	（支出）
13.	girar	⇒		（回転）
14.	intentar	⇒	*intento*	（試み；意図）
15.	inventar	⇒		（発明（品））

用例

Es notable el *aumento* de la población urbana.　　　都市人口の増加は著しい。

Vivimos en un mundo en constante *cambio* ambiental.

　　　　　　　　私たちは絶えず環境が変化する世界に生きている。

¿Están incluidos los *gastos* de envío?　　　　　送料は込みですか。

16. regalar	⇒		(贈り物)	
17. regresar	⇒	*regreso*	(帰り)	
18. respetar	⇒		(尊敬；尊重)	
19. restar	⇒	*resto*	(残り)	
20. retrasar	⇒		(遅れ)	
21. robar	⇒	*robo*	(盗み)	
22. saludar	⇒		(あいさつ)	
23. tirar	⇒		(発砲；投げること)	
24. trabajar	⇒		(仕事)	
25. votar	⇒	*voto*	((投)票)	

Ej.				
acordar	⇒	***acuerdo***	(同意；協定)	
comenzar	⇒	***comienzo***	(初め、始まり)	

26. gobernar	⇒	*gobierno*	(政府)	
27. helar	⇒		(氷)	
28. jugar	⇒		(遊び；競技)	
29. soñar	⇒		(眠気；夢)	
30. volar	⇒	*vuelo*	(飛行：フライト、便)	

用例

Tengo ganas de pasar el *resto* de mi vida con ella.

私は余生を彼女と一緒に過ごしたい。

Le di un *voto* de confianza. 私は彼に信任票を投じた。

El *gobierno* japonés trata de no ceder a las presiones de la oposición.

日本政府は野党の圧力に屈しないよう努める。

12

31. calcular	⇒	*cálculo*	（計算）
32. depositar	⇒		（貯金；貯蔵所；タンク）
33. estimular	⇒		（刺激）
34. terminar	⇒		（終わり）

- -

35. perder	⇒	*pérdida*	（損失）

Ej. **ayudar**	⇒	***ayuda***	（助け）
1. cargar	⇒	*carga*	（荷積み；負担）
2. cenar	⇒		（夕食）
3. comprar	⇒		（買い物）
4. conquistar	⇒		（征服）
5. consultar	⇒	*consulta*	（相談；診察；参照）
6. curar	⇒	*cura*	（治療）
7. dudar	⇒		（疑い、疑惑）
8. entregar	⇒		（引き渡し）
9. luchar	⇒		（戦い）
10. marchar	⇒	*marcha*	（行進；進行）

用例

La crisis económica ha causado grandes *pérdidas* a los empresarios.

経済危機は企業家たちに大きな損失をもたらした。

El camión se volcó y se le cayó toda la *carga*.

トラックは転倒し、積み荷が全部落下した。

Esta enfermedad no tiene *cura*. この病気は治せない。

11. pelear	⇒		（けんか）
12. quejarse	⇒	*queja*	（不平）
13. reformar	⇒		（改革）
14. reservar	⇒	*reserva*	（予約）
15. visitar	⇒		（訪問）

Ej. **apostar** ⇒ *apuesta* （賭け事）

16. mostrar	⇒		（見本）
17. proponer	⇒	*propuesta*	（提案）
18. quebrar	⇒	*quiebra*	（破産；破綻）

Ej. **apuntar** ⇒ *apunte* （メモ、覚え書き）

1. atacar	⇒		（攻撃）
2. avanzar	⇒	*avance*	（前進；進歩）
3. bailar	⇒		（踊り）
4. cerrar	⇒	*cierre*	（閉めること、閉鎖）
5. combatir	⇒		（戦闘）
6. contrastar	⇒		（対照）
7. transportar	⇒	*transporte*	（運送、輸送）

用例

Tengo una *reserva* para dos noches.　　　　私は2泊の予約をしている。

La patronal no aceptará la *propuesta* del sindicato.

　　　　　　　経営陣は組合の提案を受け入れないだろう。

Desde fines del siglo pasado se han hecho grandes *avances* informáticos.

　　　　　　　前世紀末より情報技術の飛躍的な進歩が遂げられた。

Ej.	**bajar**	⇒	*bajada*	（降下）
	1. beber	⇒		（飲み物）
	2. comer	⇒	*comida*	（食べ物）
	3. herir	⇒		（傷、けが）
	4. llamar	⇒		（呼ぶこと）
	5. llegar	⇒	*llegada*	（到着）
	6. mirar	⇒		（視線）
	7. parar	⇒		（停止）
	8. salir	⇒	*salida*	（出発）
	9. subir	⇒		（上昇）
	10. volver	⇒	*vuelta*	（回転；一周；帰り）

- -

	11. cuidar	⇒	*cuidado*	（注意；世話）
	12. significar	⇒		（意味）
	13. tejer	⇒	*tejido*	（織物）

Ej.	**acontecer**	⇒	*acontecimiento*	（出来事）
	1. agradecer	⇒		（感謝）
	2. conocer	⇒	*conocimiento*	（知識）
	3. crecer	⇒	*crecimiento*	（成長）
	4. descubrir	⇒		（発見）
	5. entender	⇒		（理解）

用例

Aquí hay *comida* suficiente.	ここには十分な食料がある。
Vamos a dar una *vuelta* por la isla.	島を一周しよう。
Posee amplios *conocimientos* sobre animales marinos.	
	彼は海洋生物に関して広い知識を有する。

15

6. mover	⇒	*movimiento*	（動き）
7. pensar	⇒		（思考）
8. reconocer	⇒		（認識）
9. sufrir	⇒	*sufrimiento*	（苦しみ）

- -

| 10. fundar | ⇒ | *fundamento* | （基礎、土台） |

Ej. **actuar**	⇒	***actuación***	（演技；行動）
1. administrar	⇒	*administración*	（管理；行政）
2. admirar	⇒		（感嘆；称賛）
3. afirmar	⇒		（肯定；断言）
4. aplicar	⇒		（適用、応用；勤勉）
5. asociar	⇒	*asociación*	（協会；関連）
6. aspirar	⇒		（野望；呼吸）
7. atender	⇒		（注意；配慮）
8. atraer	⇒	*atracción*	（魅力；アトラクション）
9. colaborar	⇒	*colaboración*	（協力、共同）
10. combinar	⇒		（結合、組み合わせ）

用例

El joven encabeza un auténtico *movimiento* revolucionario.

その若者は真の革命運動の先頭に立つ。

Funciona bien la *administración* de esta empresa.　この企業の経営は順調だ。

El parque temático es una gran *atracción* turística.

テーマパークは大きな観光スポットだ。

11. comparar　⇒　　　　　　　　　　　（比較）

12. componer　⇒　　　　　　　　　　　（構成；作詞［曲］；作文）

13. comunicar　⇒　*comunicación*　（伝達；通信；交通）

14. concebir　⇒　*concepción*　（概念；妊娠）

15. considerar　⇒　　　　　　　　　　（考慮；配慮）

16. constituir　⇒　　　　　　　　　　（構成；体格；憲法）

17. construir　⇒　*construcción*　（建築）

18. continuar　⇒　　　　　　　　　　（継続；続き）

19. contradecir　⇒　*contradicción*　（矛盾）

20. crear　⇒　　　　　　　　　　　　（創造）

21. declarar　⇒　　　　　　　　　　　（声明、宣言；申告）

22. definir　⇒　*definición*　（定義；明確化）

23. demostrar　⇒　　　　　　　　　　（証明；実演）

24. desaparecer　⇒　*desaparición*　（消滅；行方不明）

25. describir　⇒　　　　　　　　　　　（記述、描写）

用例

El problema consiste en la falta de *comunicación* entre padres e hijos.

　　　　　　　　　　問題は親子のコミュニケーション不足にある。

El próximo año se comenzará la *construcción* del nuevo estadio municipal.

　　　　　　　　　　来年に市の新スタジアム建設が始まるだろう。

Consulta un diccionario para saber la *definición* de esta palabra.

　　　　　　　　　　この言葉の定義を知るために辞書を引きなさい。

26. desesperar	⇒		(絶望；捨てばち)
27. destruir	⇒		(破壊)
28. determinar	⇒		(決定；決意)
29. dirigir	⇒	*dirección*	(方向；住所；指導、指揮)
30. distinguir	⇒	*distinción*	(区別；栄誉；名門)
31. distribuir	⇒		(分配；配達)
32. educar	⇒		(教育)
33. ejecutar	⇒	*ejecución*	(実行；処刑)
34. elegir	⇒	*elección*	(選挙；選択)
35. explicar	⇒		(説明)
36. exponer	⇒	*exposición*	(展覧会；展示)
37. exportar	⇒		(輸出)
38. formar	⇒	*formación*	(形成；訓練)
39. fundar	⇒		(設立；基金；財団)
40. habitar	⇒		(部屋)

用例

La igualdad de oportunidades está garantizada sin *distinción* de sexo, edad o procedencia.　機会の平等は老若男女、また出身の区別を問わず保証されている。
Esto podría ser un obstáculo para la *ejecución* del proyecto.
　　　　これはプロジェクトの実施にあたって障害になるかもしれないだろう。
La educación primaria influye mucho en la *formación* del ser humano.
　　　　　　　　初等教育は人間形成に大きく影響する。

41. imaginar	⇒		（想像（力））
42. importar	⇒		（輸入）
43. informar	⇒	*información*	（情報；報道；案内）
44. inspirar	⇒		（インスピレーション、ひらめき）
45. instalar	⇒		（設置；設備）
46. instruir	⇒		（教育；指示；（複）使用説明書）
47. interpretar	⇒		（解釈；演奏；演技）
48. intervenir	⇒	*intervención*	（介入；調停；手術）
49. introducir	⇒		（序論；入門；導入）
50. investigar	⇒	*investigación*	（調査、研究；捜査）
51. invitar	⇒		（招待）
52. limitar	⇒		（制限、限定）
53. manifestar	⇒	*manifestación*	（表明；デモ）
54. obligar	⇒		（義務）
55. ocupar	⇒	*ocupación*	（職業；占有）

用例

Hace falta reunir *información* sobre esta persona.

この人物に関する情報を集める必要がある。

Aquí se realizan amplias *investigaciones* sobre la biotecnología.

ここでバイオテクノロジーについての幅広い研究が行われる。

Ayer participamos en la *manifestación* contra el terrorismo.

昨日私たちはテロ反対のデモに参加した。

56. operar	⇒		（操作；手術；営業）
57. oponer(se)	⇒	*oposición*	（反対；野党）
58. orar	⇒		（祈り）
59. organizar	⇒	*organización*	（組織）
60. participar	⇒		（参加）
61. poblar	⇒		（人口；住民）
62. preocupar(se)	⇒	*preocupación*	（心配）
63. preparar	⇒		（準備）
64. presentar	⇒		（紹介；提示）
65. producir	⇒		（生産）
66. promover	⇒	*promoción*	（促進；昇進）
67. proteger	⇒	*protección*	（保護）
68. publicar	⇒		（出版；発表）
69. realizar	⇒		（実現）
70. recomendar	⇒	*recomendación*	（推薦）

用例

La *oposición* votará en contra del proyecto de ley presentado por el Gobierno.
　　　　　　　　　　野党は政府提出の法案に反対票を投じるだろう。
Mi mayor *preocupación* es la salud de mi padre. 私の最大の心配は父の健康だ。
Los dos piden *protección* policial.　　　　　その二人は警察の保護を求める。

71. representar	⇒		（表現；代表；上演）
72. resolver	⇒	*resolución*	（決心；決議；解決）
73. satisfacer	⇒	*satisfacción*	（満足）
74. separar	⇒		（分離）
75. situar	⇒		（情勢、状況）
76. transformar	⇒		（変形、変化）
77. variar	⇒		（変化、変動）

Ej.

comprender	⇒	*comprensión*	（理解）
confundir	⇒	*confusión*	（混乱）
1. concluir	⇒	*conclusión*	（結論）
2. confesar	⇒		（告白）
3. convertir	⇒	*conversión*	（転換；改宗）
4. decidir	⇒		（決定；決心）
5. difundir	⇒		（普及；放送）
6. discutir	⇒	*discusión*	（議論；口論）
7. divertir(se)	⇒		（楽しみ）
8. dividir	⇒		（分割）
9. expresar	⇒	*expresión*	（表現；表情）
10. extender	⇒		（広がり）

用例

Acogieron con *satisfacción* la decisión del comité ejecutivo.
彼らは執行委員会の決定を満足して受け入れた。
No es nada fácil llegar a la *conclusión* de este debate.
この討議の結論に達するのは全く容易でない。
El llanto es una *expresión* de tristeza. 涙は悲しみの表現である。

11. imprimir	⇒	*impresión*	（印象；印刷）
12. invadir	⇒		（侵略）
13. invertir	⇒		（投資；逆転）
14. poseer	⇒	*posesión*	（所有）
15. suceder	⇒		（連続；継承）

- -

16. reunir（se）	⇒		（集会、会議）
17. unir（se）	⇒	*unión*	（結合、団結）

_____

1. acceder	⇒	*acceso*	（接近；通路）
2. aplaudir	⇒	*aplauso*	（拍手）
3. aprender	⇒	*aprendizaje*	（学習）
4. comentar	⇒	*comentario*	（解説；論評）
5. comprometer	⇒	*compromiso*	（誓約；約束）
6. concebir	⇒	*concepto*	（概念）
7. confiar	⇒	*confianza*	（信頼；自信）
8. defender	⇒	*defensa*	（防御；守備）
9. enseñar	⇒	*enseñanza*	（教育）
10. juzgar	⇒	*juicio*	（判断（力）；裁判）

用例

Me da la *impresión* de que es un hombre sincero.

　　　　　　　　　　　　彼は誠実な人だという印象を私は受ける。

Hará todo lo posible para cumplir con los *compromisos* electorales.

　　　　　　　　　　彼は選挙公約を果たすために全力を尽くすだろう。

Este juicio refleja su *concepto* del valor personal.

　　　　　　　　　この判断は彼女の個人的な価値観を反映している。

22

11. leer	⇒	*lectura*	（読書）
12. llover	⇒	*lluvia*	（雨）
13. mentir	⇒	*mentira*	（うそ）
14. morir	⇒	*muerte*	（死）
15. ofrecer	⇒	*oferta*	（提供；特売品）
16. prometer	⇒	*promesa*	（約束）
17. reír（se）	⇒	*risa*	（笑い）
18. requerir	⇒	*requisito*	（必要条件）
19. responder	⇒	*respuesta*	（答え）
20. servir	⇒	*servicio*	（サービス）
21. sonar	⇒	*sonido*	（音）
22. sonreír	⇒	*sonrisa*	（微笑）
23. sorprender	⇒	*sorpresa*	（驚き）
24. suceder	⇒	*suceso*	（出来事）
25. vender	⇒	*venta*	（販売）

用例

Lo que importa es precisamente evitar la *muerte* súbita.

　　　　　　　　　　　　大事なことはまさに突然死を避けることだ。

Esta *respuesta* es（in）correcta.　　　　　　　この解答は（不）正解だ。

¡Qué *sorpresa*! No me lo imaginaba.

　　　　　　　びっくりしたあ！　それは想像していなかったよ。

★派生名詞 –sión　を生む動詞

　–ción は生産性の高い名詞化語尾で、多くの頻出語彙を形成しています。これに対し、一文字違いの –sión を生む動詞の語形には何か特徴はあるでしょうか。リストの動詞群から確認できるように、その多くは -der, -dir, -tir の語尾です。

4. 名詞 ⇒ 動詞

例にならい、下記の名詞から対応する動詞を導きましょう。

Ej. alegre ⇒ *alegrar* （喜ばせる）

1. abuso	⇒	*abusar*	（乱用する；いじめる）
2. alarma	⇒		（警戒させる）
3. alquiler	⇒	*alquilar*	（賃貸しする；賃借りする）
4. arma	⇒		（武装する）
5. base	⇒		（基礎を置く）
6. centro	⇒		（集中させる）
7. círculo	⇒		（循環する；通行する）
8. control	⇒	*controlar*	（統制［管理］する）
9. efecto	⇒		（実行する）
10. equilibrio	⇒	*equilibrar*	（釣り合わせる）
11. experimento	⇒		（実験する；経験する）
12. función	⇒	*funcionar*	（機能する）
13. interés	⇒		（興味を起こさせる）
14. necesidad	⇒	*necesitar*	（必要とする）
15. orden	⇒		（整理する）
16. oriente	⇒		（方向づける；導く）
17. origen	⇒		（引き起こす）
18. perdón	⇒		（許す）

用例

Pienso *alquilar* un coche mañana.　　　私は明日レンタカーを借りようと思う。

Hay que *controlar* bien el contagio del virus.

　　　　　　　　　　　　ウイルス感染を上手に抑えねばならない。

No *funciona*.　　　　　　故障中

19. perfección	⇒	*perfeccionar*	（完全にする）
20. práctica	⇒	*practicar*	（実行する：練習する）
21. progreso	⇒		（進歩する）
22. señal	⇒	*señalar*	（指し示す）
23. solución	⇒	*solucionar*	（解決する）
24. suma	⇒		（加える）
25. uso	⇒		（使う）

※ órgano	⇒	*organizar*	（組織する）

Ej.	**costumbre**	⇒	***acostumbrar***	（〜する習慣である）
	amor	⇒	***enamorar***(*se*)	（好きにさせる）

1. consejo	⇒	*aconsejar*	（助言する）
2. frente	⇒	*afrontar / enfrentar*	（立ち向かう）
3. mañana	⇒	*amanecer*	（夜が明ける）
4. noche	⇒	*anochecer*	（夜になる）
5. susto	⇒	*asustar*	（怖がらせる：おどかす）
6. tarde	⇒	*atardecer*	（日が暮れる）

※ clase	⇒	*clasificar*	（分類する）

用例

Tengo ganas de *perfeccionar* mi español.　私はスペイン語に磨きをかけたい。
Hay que *señalar* la necesidad de la reforma financiera.
　　　　　　　　　財政改革の必要性を指摘しなければならない。
El médico me *aconseja* que deje de fumar.　医者は私に禁煙するよう助言する。

★一部に接頭辞を伴う以外は、**元の名詞形に -ar を付加するだけで動詞になるパターン**が顕著です。さらに armado（武装した）, interesado（興味を持った）, ordenado（整然とした）のように、過去分詞からの形容詞も生まれます。

5. 動詞 ⇒ 形容詞

例にならい、下記の動詞から対応する形容詞を導きましょう。

Ej. **abrir** ⇒ *abierto* （開いた）

1. aburrir(se) ⇒ （退屈な）
2. agradecer ⇒ *agradecido* （感謝している）
3. aislar(se) ⇒ （孤立した）
4. animar ⇒ *animado* （活気のある）
5. armar(se) ⇒ （武装した）
6. atrasar(se) ⇒ （遅れた）
7. avanzar ⇒ *avanzado* （進んだ）
8. cansar(se) ⇒ （疲れた；疲れさせる）
9. cerrar ⇒ （閉まった）
10. complicar(se) ⇒ *complicado* （複雑な）
11. componer ⇒ （合成の）
12. confundir ⇒ *confuso* （混乱した）
13. conocer ⇒ *conocido* （知られた）
14. cubrir ⇒ （おおわれた）
15. decir ⇒ （前述の）

用例

Estos dibujos *animados* son divertidos.　　このアニメーションは楽しい。

Estamos en una situación bastante *complicada*.

　　　　　　　　　　私たちはかなり複雑な状況にある。

Es una artista muy *conocida* en España.

　　　　　　　　彼女はスペインでとても有名な芸術家だ。

16. desaparecer	⇒	*desaparecido*	（行方不明の）
17. desconocer	⇒		（知られていない）
18. descubrir	⇒		（おおいのない）
19. determinar	⇒		（決まった、一定の）
20. disponer	⇒	*dispuesto*	（用意のできた）
21. distraer(se)	⇒		（ぼんやりした）
22. divertir(se)	⇒		（楽しい）
23. enamorar(se)	⇒	*enamorado*	（恋している）
24. encargar(se)	⇒		（引き受けた）
25. extender	⇒	*extenso*	（広大な）
26. hacer	⇒		（出来上がった）
27. herir	⇒		（けがをした）
28. imprimir	⇒		（印刷された）
29. invertir	⇒	*inverso*	（逆の）
30. mojar(se)	⇒	*mojado*	（ぬれた）

用例

¿Estás *dispuesto* a aceptar esta propuesta?

君はこの提案を受け入れる用意があるかい？

Está locamente *enamorado* de ella. 彼は彼女に首ったけだ。

Estoy *mojado* hasta los huesos. 私はずぶぬれだ。

31. ocupar	⇒		（忙しい：ふさがった）
32. oponer(se)	⇒	*opuesto*	（反対の）
33. parar	⇒		（止まった）
34. parecerse	⇒	*parecido*	（似た）
35. pesar	⇒		（重い）
36. quemar	⇒		（燃やした）
37. resolver	⇒	*resuelto*	（決然とした）
38. romper	⇒		（壊れた）
39. satisfacer	⇒		（満足した）
40. seguir	⇒	*seguido*	（連続した）
41. separar	⇒	*separado*	（分かれた）
42. situar	⇒		（位置した）
43. soltar	⇒	*suelto*	（放たれた）
44. unir(se)	⇒		（結合した）
45. volver	⇒	*vuelto*	（向けた；裏返した）

用例

El parque está situado al lado *opuesto* al mar.

公園は海の反対側に位置している。

Aquí llueve tres días *seguidos*. ここは3日連続雨だ。

Ahora vive *separada* de su familia. 今彼女は家族と離れて暮らしている。

Ej.	abundar	⇒	*abundante*	（豊富な）
	asistir	⇒	*asistente*	（出席〔援助〕している）
	1. brillar	⇒	*brillante*	（光り輝く）
	2. distar	⇒		（離れている、遠い）
	3. dominar	⇒		（支配的な）
	4. exigir	⇒	*exigente*	（要求の多い）
	5. existir	⇒		（存在している）
	6. ignorar	⇒		（無知の）
	7. importar	⇒	*importante*	（重要な）
	8. sorprender	⇒		（驚くべき）
	9. urgir	⇒	*urgente*	（緊急の）
	10. visitar	⇒		（訪問の）

- -

※ corresponder ⇒ *correspondiente* （対応する）

Ej.	administrar	⇒	*administrativo*	（管理の；行政の）
	1. atraer	⇒	*atractivo*	（魅力的な）
	2. comprender	⇒		（理解のある）
	3. construir	⇒		（建設的な）
	4. crear	⇒		（創造的な）
	5. decidir	⇒	*decisivo*	（決定的な）

用例

Lo *importante* es vivir bien. 　　　　　重要なのは良く生きることだ。

Los clientes japoneses son los más *exigentes* del mundo.

　　　　　　　　　　　日本人客は世界で最も要求が多い。

Han jugado un papel *decisivo* en la campaña electoral.

　　　　　　　　　　　彼らは選挙運動で決定的な役割を果たした。

6. definir	⇒	*definitivo*	（最終［決定］的な）
7. destruir	⇒		（破壊的な）
8. educar	⇒		（教育の）
9. ejecutar	⇒		（行政上の；執行の）
10. exceder	⇒	*excesivo*	（過度の）
11. excluir	⇒	*exclusivo*	（排他的な；唯一の）
12. expresar	⇒		（表現豊かな）
13. negar	⇒	*negativo*	（否定の；消極的な）
14. producir	⇒		（生産的な）
15. suceder	⇒		（連続した）

用例

Ya hemos tomado una decisión *definitiva*.　　私たちはもう最終決定をした。
Sin duda su respuesta es *negativa*.　　　　　確かに彼女の回答はノーだ。

---

1. imaginar	⇒	*imaginario*	（想像上の）
2. revolucionar	⇒	*revolucionario*	（革命的な）
3. obligar	⇒	*obligatorio*	（義務的な）
4. satisfacer	⇒	*satisfactorio*	（満足できる）
5. exportar	⇒	*exportador*	（輸出する）
6. importar	⇒	*importador*	（輸入する）

★**過去分詞から来ている形容詞**の中には、aburrido, cansado のように意味による使い分けが生ずる場合があります。同じ語形で satisfecho と satisfactorio の両方の使い方を含み、注意して理解しましょう。

Está *aburrido / cansado*.　　　　　　　彼は退屈している／疲れている。
Este trabajo es *aburrido / cansado*.　　この仕事は退屈だ／疲れる。
Está *satisfecho* con el resultado.　　　彼は結果に満足している。
El resultado es *satisfactorio*.　　　　　結果は満足できる。

5b. 動詞 ⇒ -ble

各動詞からその可能性や価値を示す形容詞を導きましょう。

1. aceptar	⇒		受け入れられる
2. admirar	⇒		称賛に値する
3. apreciar	⇒		感知できる；かなりの
4. considerar	⇒	*considerable*	かなりの、相当な
5. culpar	⇒	*culpable*	有罪の；非難すべき
6. desear	⇒		望ましい
7. envidiar	⇒	*envidiable*	うらやましい
8. estar	⇒		安定した
9. lamentar	⇒		嘆かわしい
10. notar	⇒	*notable*	注目に値する
11. preferir	⇒	*preferible*	望ましい
12. recomendar	⇒		推薦できる
13. respetar	⇒		尊敬すべき
14. responder	⇒	*responsable*	責任がある
15. variar	⇒		変わりやすい

用例

Japón tiene un número *considerable* de ancianos con más de 100 años.

日本には100歳を超えるかなりの数の高齢者がいる。

La tecnología informática ha experimentado un progreso *notable* estos años.

情報技術は近年著しい進歩を遂げた。

Cada persona es *responsable* de lo que hace.　　各人することに責任がある。

5c. 動詞 ⇒ 否定の -ble

各動詞から「～できない」という意味の形容詞を導きましょう。

1. acceder	⇒	*inaccesible*	近づけない
2. aceptar	⇒		受け入れられない
3. admitir	⇒		容認できない
4. agotar	⇒	*inagotable*	無尽蔵の
5. alterar	⇒		不変の
6. cansar(se)	⇒		疲れを知らない
7. comparar	⇒		比類のない
8. comprender	⇒		理解できない
9. creer	⇒	*increíble*	信じられない
10. describir	⇒	*indescriptible*	言い表せない
11. desear	⇒		望ましくない
12. discutir	⇒	*indiscutible*	議論の余地ない
13. dispensar	⇒	*indispensable*	欠かせない
14. dudar	⇒		疑う余地のない
15. estar	⇒		不安定な

¡Increíble!

用例

Esta meta no será *inaccesible* a largo plazo.

この目標は長期的に近づけなくはないだろう。

¡*Increíble*! Me ha tocado el gordo.　　　信じられない！大当たりだよ。

El agua es *indispensable* para vivir.　　　水は生きるために欠かせない。

16. evitar	⇒	*inevitable*	不可避の
17. explicar	⇒		説明できない
18. numerar	⇒		無数の
19. olvidar	⇒	*inolvidable*	忘れられない
20. pecar	⇒		欠点のない
21. percibir	⇒	*imperceptible*	知覚できない、微細な
22. reparar	⇒		修復できない
23. resistir	⇒		抵抗できない
24. revertir	⇒		不可逆的な
25. separar	⇒	*inseparable*	分離できない
26. soportar	⇒	*insoportable*	耐えられない
27. terminar	⇒		終わりのない
28. tolerar	⇒		許しがたい
29. vencer	⇒		無敵の、不敗の
30. ver	⇒	*invisible*	目に見えない

用例

¿Habrá sido un accidente *inevitable*?　　それは不可避の事故だったのだろうか。

La educación infantil es *inseparable* del juego.

　　　　　　　　　　　　　　　幼児教育は遊びから切り離せない。

El virus es un enemigo *invisible*.　　　　ウイルスは見えない敵だ。

★**considerable** は、本来の「考慮に値する」よりも数量や程度が「かなりの、相当な」の意味で通常使われます。apreciable, respetable にも、同様の意味があります。またこのタイプの形容詞の中には、「〜できない」という否定形の方がはるかに多く使われる傾向も見られます（例. creíble / *increíble*, evitable / *inevitable*, soportable / *insoportable*, etc.）。

6. 形容詞 ⇒ 名詞

例にならい、下記の形容詞から対応する名詞を導きましょう。

Ej. **activo** ⇒ *actividad* （活動）

antiguo ⇒ *antigüedad* （古さ）

1. actual ⇒ （現在）
2. bueno ⇒ *bondad* （善良；親切）
3. capaz ⇒ *capacidad* （能力；収容力）
4. claro ⇒ （明るさ；明解さ）
5. cómodo ⇒ （快適さ）
6. común ⇒ （共同体）
7. curioso ⇒ （好奇心）
8. débil ⇒ （弱さ）
9. difícil ⇒ *dificultad* （困難）
10. diverso ⇒ *diversidad* （多様性）
11. eléctrico ⇒ （電気）
12. enfermo ⇒ （病気）
13. especial ⇒ （専門；名物）
14. estable ⇒ *estabilidad* （安定性）
15. fácil ⇒ *facilidad* （容易さ）

用例

Ella tiene la *capacidad* de manejar sola este problema.

彼女はこの問題を一人で扱う能力がある。

Lo pude encontrar sin ninguna *dificultad*. 私は難なくそれを見つけられた。

Me han engañado con tanta *facilidad*. 私はいとも簡単にだまされた。

16. feliz   ⇒   （幸福）

17. grave   ⇒   *gravedad*   （重大さ）

18. humano   ⇒   （人間性；人類）

19. idéntico   ⇒   （同一；身元）

20. igual   ⇒   *igualdad*   （等しさ、平等）

21. intenso   ⇒   （強烈さ）

22. íntimo   ⇒   *intimidad*   （親密さ；プライバシー）

23. mental   ⇒   （精神性）

24. nacional   ⇒   （国籍）

25. nuevo   ⇒   *novedad*   （新しさ）

26. oportuno   ⇒   *oportunidad*   （好機）

27. oscuro   ⇒   （暗さ）

28. personal   ⇒   （個性、人格）

29. posible   ⇒   *posibilidad*   （可能性）

30. profundo   ⇒   （深さ）

用例

Tres personas resultaron heridos de *gravedad* en el accidente.

事故で3人が重傷を負った。

Ella es muy sensible a las *novedades* de su tiempo.

彼女は時代の新しいものにとても敏感だ。

No hay ninguna *posibilidad* de que nieve mañana.

明日雪が降る可能性は全くない。

31. propio	⇒	*propiedad*	（所有権［物］）
32. público	⇒		（宣伝）
33. real	⇒		（現実）
34. responsable	⇒	*responsabilidad*	（責任）
35. seguro	⇒		（安全；確信；保証）
36. solo	⇒		（孤独）
37. tranquilo	⇒		（静けさ；落ち着き）
38. útil	⇒		（役に立つこと）
39. vario	⇒	*variedad*	（多様性）
40. veloz	⇒	*velocidad*	（速度）

- -

※ inquieto	⇒	*inquietud*	（不安；落ち着かないこと）
※ joven	⇒	*juventud*	（青春（時代））

Ej. **alegre** ⇒ ***alegría*** （喜び）

1. autónomo	⇒	*autonomía*	（自治（権）；自立）
2. mejor	⇒		（回復；改善）
3. melancólico	⇒	*melancolía*	（憂うつ）
4. seco	⇒		（干ばつ）

- -

※ tonto	⇒	*tontería*	（愚かさ；ばかなこと）

用例

Tendrá que asumir toda la *responsabilidad* del error.

彼はミスの全責任を取らなければならないだろう。

Es una tremenda caída a una *velocidad* de 100 kilómetros por hora.

それは時速100キロメートルのすごい落下だ。

Mi hijo no ha alcanzado la *autonomía* económica todavía.

私の息子はまだ経済的自立に至っていない。

Ej.	**bello**	⇒	*belleza*	（美しさ）
	1. cierto	⇒	*certeza*	（確かさ）
	2. duro	⇒		（堅さ：厳しさ）
	3. firme	⇒		（強固）
	4. grande	⇒		（大きいこと：偉大さ）
	5. limpio	⇒	*limpieza*	（掃除）
	6. natural	⇒	*naturaleza*	（自然）
	7. pobre	⇒		（貧乏）
	8. puro	⇒		（純粋さ）
	9. rico	⇒	*riqueza*	（富：豊かさ）
	10. triste	⇒		（悲しみ）

Ej.	**ausente**	⇒	*ausencia*	（不在：欠席）
	1. constante	⇒		（粘り強さ、根気）
	2. frecuente	⇒		（頻繁：頻度）
	3. presente	⇒	*presencia*	（出席：居合わせ）

- -

※ aparente	⇒	*apariencia*	（外見）

用例

Primero tengo que hacer la *limpieza* de la casa.
　　　　　　　　　　　最初に私は家の掃除をしなければならない。
Su afición es meditar y contemplar la *naturaleza*.
　　　　　　　　　　　彼の趣味は瞑想して自然を眺めることだ。
Entonces me di cuenta de la *presencia* de mi novia.
　　　　　　　　　　　その時私は恋人の存在に気づいた。

1. consciente	⇒	*conciencia*	（良心；意識）
2. crítico	⇒	*crítica*	（批評；批判）
3. justo	⇒	*justicia*	（正義）
4. libre	⇒	*libertad*	（自由）
5. loco	⇒	*locura*	（狂気）
6. preciso	⇒	*precisión*	（正確）
7. violento	⇒	*violencia*	（暴力）

用例

Tendría que tomar *conciencia* de su edad.

　　　　　　　　　　　　彼は自分の年齢を自覚しなければならないだろう。

No es justo apelar a la *violencia*.　　　　暴力に訴えるのは間違っている。

★このタイプの派生において生産性が高いのは、**-dad** です。これは英語の -ty に対応します（例. *actividad* – activi*ty*, varie*dad* – varie*ty*）。アクセントの移動により母音変化も生ずるので、注意しましょう（例. bueno ⇒ *bondad*, nuevo ⇒ *novedad*）。

II　反対語

II 反対語

1. 名詞

例にならい、下記の名詞の反対語を記しましょう。

Ej.	**cielo**	⇔	*tierra / infierno*	地／地獄
	deber / obligación	⇔	*derecho*	権利
	1. alegría	⇔		悲しみ
	2. calor	⇔	*frío*	寒さ
	3. campo	⇔	*ciudad*	都市
	4. compra	⇔		販売
	5. derecha	⇔		左
	6. entrada	⇔		出口
	7. guerra	⇔		平和
	8. ida	⇔	*vuelta*	帰り
	9. partida / salida	⇔		到着
	10. pasado	⇔	*futuro, porvenir*	未来
	11. pregunta	⇔	*respuesta*	答え
	12. principio	⇔		終わり
	13. trabajo	⇔		休息
	14. verdad	⇔	*mentira*	うそ
	15. vida	⇔		死

用例

Hoy hace un *frío* espantoso.	今日はひどい寒さだ。
¿Cuánto cuesta el billete de ida y *vuelta*?	往復切符はいくらですか。
Muchas gracias por tu pronta *respuesta*.	速やかな返事をどうもありがとう。

16. afirmación	⇔	*negación*	否定
17. amigo	⇔		敵
18. amor	⇔		憎しみ
19. ataque	⇔		防御
20. caballero	⇔	*dama*	婦人
21. cantidad	⇔	*calidad*	質
22. causa	⇔		結果
23. claridad	⇔		暗さ
24. construcción	⇔	*destrucción*	破壊
25. fracaso	⇔		成功
26. luz	⇔		陰
27. práctica	⇔		理論
28. ruido	⇔	*silencio*	静寂；沈黙
29. seguridad	⇔	*peligro*	危険
30. sobra	⇔		不足

名詞

用例

Damas 〔トイレの表示〕婦人用（⇔ *Caballeros* 男性用）

Quiero comprarme una cama de buena *calidad*.

私は高品質なベッドが買いたい。

Usted tiene derecho a guardar *silencio*. あなたには黙秘権があります。

Este tipo de trabajo está en *peligro* de desaparición.

この種の仕事は消滅の危険にある。

31. aumento / incremento	⇔	*disminución*	減少
32. ausencia	⇔		出席
33. caos	⇔		秩序
34. castigo	⇔		ほうび
35. felicidad	⇔	*desgracia* (*infelicidad*)	不幸
36. ganancia	⇔	*pérdida*	損失
37. lentitud	⇔		速さ
38. memoria / recuerdo	⇔		忘却
39. minoría	⇔		大部分
40. producción	⇔	*consumo*	消費
41. respeto	⇔	*desprecio*	軽蔑
42. riqueza	⇔		貧乏
43. risa	⇔		涙
44. victoria	⇔		敗北
45. defecto / vicio	⇔	*virtud*	(美)徳；長所

用例

Las *desgracias* nunca vienen solas. 　　　　　　　泣き面に蜂。

El impuesto al *consumo* va subiendo de ahora en adelante.

　　　　　　　　　　　　　　消費税は今後上がってゆく。

Cualquier persona tiene *virtudes* y *defectos*.　どんな人も長所と短所がある。

2. 形容詞

例にならい、下記の形容詞の反対語を記しましょう。

Ej.				
alto	⇔	*bajo*	低い
divertido / interesante	⇔	*aburrido*	退屈な
frío	⇔	*caliente / caluroso*	熱い／暑い

1. alegre	⇔	*triste*	悲しい
2. ancho	⇔	*estrecho*	狭い
3. blanco	⇔		黒い
4. bonito	⇔		醜い
5. bueno	⇔		悪い
6. caro	⇔	*barato*	安い
7. cerrado	⇔		開いた
8. claro	⇔	*oscuro*	暗い
9. fácil	⇔		難しい
10. grande	⇔		小さい
11. joven	⇔	*anciano /*	年取った
12. largo	⇔	*corto*	短い
13. menor	⇔		年上の
14. nuevo	⇔		古い
15. peor	⇔		より良い

16. blando	⇔		固い
17. fuerte	⇔	*débil*	弱い
18. gordo	⇔	*delgado / flaco*	やせた
19. inteligente / sabio	⇔		ばかな
20. interior	⇔		外側の
21. limpio	⇔		汚い
22. lleno	⇔	*vacío*	空の
23. mismo	⇔	*diferente /*	違った
24. moderno	⇔		古い：昔からの
25. ocupado	⇔		暇な：空いている
26. pesado	⇔	*ligero*	軽い
27. pobre	⇔		金持ちの
28. primero	⇔	*último*	最後の
29. rápido	⇔		遅い
30. vivo	⇔		死んだ

用例

La economía aún está *débil*.	経済はまだ弱い。
Hay botellas *vacías* por todo el suelo.	空きビンが床に散らかっている。
El concierto tuvo lugar el *último* día del año pasado.	
	コンサートは去年の大みそかに行われた。

31. absoluto	⇔	*relativo*	相対的な
32. anterior	⇔		後の
33. casado	⇔		独身の
34. cercano	⇔		遠い
35. común	⇔	*particular*	個人の
36. dulce	⇔		苦い
37. enfermo	⇔		健康な
38. mental	⇔	*físico*	身体の
39. mojado / húmedo	⇔		乾いた
40. preocupado	⇔	*tranquilo*	落ち着いた
41. presente	⇔		欠席の
42. público	⇔		私的な
43. simple	⇔	*complejo / complicado*	複合の／複雑な
44. superior	⇔	*inferior*	劣った
45. verdadero	⇔		偽りの

形容詞

用例

Cada uno busca su interés *particular*.	おのおの自分の利益を追求する。
Tranquilo, esto no es nada.	落ち着いて、これは何でもないよ。
Este problema es *complicado* y difícil de resolver.	
	この問題は複雑で解決が困難だ。

46. abundante	⇔	*escaso*	不足した
47. agradecido	⇔		恩知らずな
48. cómico	⇔		悲劇の
49. concreto	⇔	*abstracto*	抽象的な
50. culpable	⇔		無罪の
51. equivocado	⇔	*correcto*	正しい
52. espiritual	⇔		物質の
53. maduro	⇔	*verde*	未熟の
54. máximo	⇔		最小の
55. natural	⇔		人工の
56. opaco	⇔	*transparente*	透明な
57. oriental	⇔		西(洋)の
58. positivo	⇔		消極的な
59. racional	⇔	*absurdo*	ばかげた、不合理な
60. valiente	⇔		卑怯な

用例

¿Te interesa el arte *abstracto*?　　　　　君は抽象芸術に興味があるかい？

Esta respuesta es *correcta*.　　　　　　　この答えは正しい。

¡Qué situación tan *absurda*!　　　　　　何てばかげた状況なんだ！

3. 動詞

例にならい、下記の動詞の反対語を記しましょう。

Ej.
abrir	⇔	*cerrar*	閉める
ganar	⇔	*perder / gastar*	負ける／費やす
empezar, comenzar	⇔	*acabar, terminar*	終わる、終える
recoger	⇔	*dejar caer*	落とす

1. acostarse / sentarse	⇔	*levantarse*	起きる／立ち上がる
2. comprar	⇔		売る
3. creer	⇔		疑う
4. dar	⇔		取る
5. dormirse	⇔	*despertar(se)*	目覚める
6. encontrar, hallar	⇔		なくす
7. entrar	⇔		出る
8. entregar	⇔		受け取る
9. hablar	⇔	*callar(se)*	黙る
10. irse, marcharse	⇔	*quedarse*	居残る
11. meter	⇔		取り出す
12. nacer / vivir	⇔		死ぬ
13. partir, salir	⇔	*llegar*	着く
14. ponerse	⇔	*quitarse*	脱ぐ
15. subir	⇔		下がる

用例

Acostumbra a *acostarse* y *levantarse* temprano.

彼は早寝早起きの習慣がある。

Ella tiene que *quedarse* en casa para cuidar a su abuela.

彼女は祖母の介護をするために家に留まらなくてはいけない。

Ya es hora de *quitarse* la mascarilla.　　　　　もうマスクを外す時だ。

16. asistir（a）	⇔	*faltar（a）*	（に）欠席する
17. atacar	⇔		守る
18. aumentar / incrementar	⇔	*disminuir*	減る
19. cobrar	⇔		支払う
20. construir	⇔		破壊する
21. decir la verdad	⇔		うそをつく
22. empujar	⇔		引く
23. encender	⇔	*apagar*	消す
24. gastar	⇔		稼ぐ
25. olvidar（se）	⇔	*acordarse de /*	覚えている
26. permitir	⇔		禁止する
27. preguntar	⇔	*/ responder*	答える
28. prestar	⇔	*pedir prestado*	借りる
29. reír（se）	⇔		泣く
30. trabajar	⇔	*descansar*	休む

用例

La demanda del petróleo tiende a *disminuir* en la actualidad.

石油の需要は現在のところ減少傾向にある。

Vamos a *apagar* la calefacción, ya que no hace frío.

暖房を消そう。もう寒くないから。

¿Puedo *pedirte prestado* este libro?　この本を借りてもいいかい？

48

31. aburrirse	⇔		楽しむ
32. aceptar	⇔	*rechazar*	拒否する
33. acercarse	⇔		遠ざかる
34. afirmar	⇔	*negar*	否定する
35. amar	⇔		憎む
36. anticipar	⇔	*aplazar / posponer*	延期する
37. avanzar	⇔		後退する
38. despreciar	⇔		尊敬する
39. enfriar	⇔		熱する
40. esconder	⇔	*mostrar / enseñar*	見せる
41. incluir	⇔		除外する
42. juntar	⇔		分ける
43. saber	⇔	*ignorar*	知らないでいる
44. sobrar	⇔		不足している
45. tener éxito	⇔	*fracasar*	失敗する

用例

No podemos *negar* este hecho evidente.

私たちはこの明白な事実を否定できない。

Ayer tuvieron que *aplazar* el partido a causa de la lluvia.

昨日彼らは雨のため試合を延期しなければならなかった。

Ya no quiero *fracasar* en mi carrera política.

私の政治キャリアでもうしくじりたくない。

4. 副詞

例にならい、下記の副詞の反対語を記しましょう。

Ej. mañana   ⇔   *ayer*   昨日

1. adelante / delante（de）	⇔	/	後ろへ／の後ろに
2. afuera / fuera（de）	⇔	*adentro / dentro（de）*	中へ／（の）中に
3. arriba	⇔		下へ
4. bien	⇔	*mal*	悪く
5. cerca（de）	⇔		（から）遠くに
6. despacio	⇔	*aprisa, deprisa*	急いで
7. después（de）	⇔		（の）前に
8. encima（de）	⇔		（の）下に
9. junto	⇔		別にして
10. más	⇔	*menos*	より少なく
11. mejor	⇔		より悪く
12. nunca, jamás	⇔		いつも
13. también	⇔	*tampoco*	もまた（～ない）
14. temprano	⇔		遅く
15. ya	⇔	*aún /*	まだ

用例

Quedan pocos dulces *dentro* de la caja.
　　　　　　　　　　箱の中には少ししかお菓子が残っていない。
No tienes que hacerlo *deprisa*.　　　君は急いでそうするには及ばない。
No fumo. — Yo *tampoco*.　　　　　タバコは吸わないよ。―― 私もだ。

★**反対語とペアで覚える**ようにすれば、それだけで語彙は倍増します。ただ必ずしも1対1できれいに対応するとは限りません。例えば、salida（出口／出発）の反対語は、語義により entrada（入口）, llegada（到着）と分化します。また prestar（貸す）に対する pedir prestado（借りる）のように、単語同士とはならない場合もあるので注意が必要です。

接頭辞による反対語

否定（反対・欠如）の接頭辞を付けて、反対語を作りましょう。

1）形容詞

1. agradable	⇒	*desagradable*	不愉快な
2. capaz	⇒	*incapaz*	できない；無能な
3. cierto	⇒		不確かな
4. cómodo	⇒		心地よくない
5. completo	⇒		不完全な
6. conocido	⇒		知られていない
7. consciente	⇒		気づかない；無意識の
8. contento	⇒	*descontento*	不満な
9. conveniente	⇒		不都合な
10. definido	⇒	*indefinido*	際限のない
11. dependiente	⇒		独立した
12. directo	⇒	*indirecto*	間接の
13. estable	⇒		不安定な
14. feliz	⇒	*infeliz*	不幸な
15. grato	⇒		恩知らずな

用例

Este insecto despide un olor *desagradable*.	この虫はいやなにおいを放つ。
Se lo presto por tiempo *indefinido*.	私は彼にそれを無期限で貸す。
Esta historia tiene un final *infeliz*.	この物語は不幸な結末だ。

16. igual	⇒	*desigual*	等しくない
17. justo	⇒		不正な
18. legal	⇒	*ilegal*	不法な
19. moral	⇒		不道徳な
20. mortal	⇒		不滅の
21. paciente	⇒		短気な
22. posible	⇒	*imposible*	不可能な
23. prudente	⇒		軽率な
24. quieto	⇒		落ち着かない
25. regular	⇒	*irregular*	不規則な
26. seguro	⇒		不確かな：安全でない
27. significante	⇒		意味のない
28. suficiente	⇒	*insuficiente*	不十分な
29. útil	⇒	*inútil*	役に立たない
30. visible	⇒		目に見えない

用例

El tráfico de drogas es *ilegal*.　　　　　　　　　麻薬取引は違法だ。

Será *imposible* terminar este trabajo en una semana.

　　　　　　　　　　一週間でこの仕事を終えるのは無理だろう。

Todo esto es *inútil*.　　　　　　　　　これは全部役に立たない。

2) 名詞

1. acuerdo	⇒	*desacuerdo*	不一致
2. aparición	⇒		消滅
3. certeza（certidumbre）	⇒	*incertidumbre*	不確か；不安
4. competencia	⇒		無能力
5. confianza	⇒		不信
6. equilibrio	⇒		不均衡
7. estabilidad	⇒		不安定
8. gusto	⇒	*disgusto*	不快
9. ilusión	⇒		失望
10. justicia	⇒	*injusticia*	不正
11. legalidad	⇒		不法
12. orden	⇒	*desorden*	混乱
13. responsabilidad	⇒	*irresponsabilidad*	無責任
14. seguridad	⇒		不安：安全でないこと
15. ventaja	⇒		不利

接頭辞による反対語

用例

Estoy preocupado ante la *incertidumbre* del resultado del examen.

　　　　　　　　私は試験の結果がはっきりしないので心配だ。

Es esencial denunciar la *injusticia* social.

　　　　　　　　社会的不公正を告発することが不可欠だ。

La habitación de mi hijo está en *desorden*.　私の息子の部屋は散らかっている。

3）動詞

1. aparecer	⇒	*desaparecer*	消える
2. ascender	⇒	*descender*	下る、降りる
3. atar	⇒		解く、ほどく
4. cansar（se）	⇒		休む
5. cargar	⇒		荷を降ろす
6. colgar	⇒		外す、降ろす
7. componer	⇒		分解する
8. confiar	⇒		信用しない
9. conocer	⇒	*desconocer*	知らない
10. cubrir	⇒	*descubrir*	発見する
11. cuidar	⇒	*descuidar*	おろそかにする：心配しない
12. esperar	⇒		絶望する
13. hacer	⇒	*deshacer*	壊す
14. pegar	⇒		はがす：離陸する
15. plegar	⇒		広げる

用例

Es de suma importancia hacer *desaparecer* la desigualdad de oportunidades.
機会の不平等をなくすことがきわめて大事だ。
Dijo *desconocer* los detalles de este asunto.
彼はこの件の詳細を知らないと言った。
Quiero *deshacer* esta obra mal hecha.　私はこの出来の悪い作品を壊したい。

★＜否定の接頭辞 des- / in-（im-, i-）＞

　動詞の場合、反対の動作や状態を表す接頭辞 des- が活躍します。形容詞や名詞に多く見られる in- は、incumplir（履行しない), incomunicar（孤立させる）など、ごくわずかです。なお inmovilizar（動かなくする), inutilizar（役に立たなくする）等は、その語義から分かるように inmóvil + izar, inútil + izar の構成で、動詞に否定の接頭辞が付く in+ movilizar, in+ utilizar ではありません。

54

Ⅲ 言い換え

III 言い換え

1. 動詞 hacer

下記の語群から適切な動詞を選んで、言い換えましょう。

1. hacer (⇒　　　　　　　) poemas románticos　　　　ロマンティックな詩を作る
2. hacer (⇒ *rodar*　　　) una película de terror　　　ホラー映画を撮影する
3. hacer (⇒　　　　　　　) un pastel de queso　　　　チーズケーキを作る
4. hacer (⇒ *dedicarse a*) la política　　　　　　　　政治の仕事をする
5. hacer (⇒　　　　　　　) una cena ligera　　　　　軽い夕食を支度する
6. hacer (⇒ *ejecutar*　　) un tiro libre　　　　　　　フリーキックをする
7. hacer (⇒ *causar*　　) muchos daños　　　　　　多くの損害をもたらす
8. hacer (⇒　　　　　　　) un negocio de moneda virtual

　　　　　　　　　　　　　　　　　　　　　　　仮想通貨ビジネスを起こす

9. hacer (⇒　　　　　　　) una falta grave　　　　　重大な過ちを犯す
10. hacer (⇒ *trazar*　　) una raya en el suelo　　　地面に線を引く
11. hacer (⇒ *desempeñar*) el papel de líder　　　　リーダー役を果たす
12. hacer (⇒　　　　　　　) una fiesta de cumpleaños 誕生日のパーティーを催す
13. hacer (⇒ *dibujar*　　) un mapa de carreteras　　道路地図を描く
14. hacer (⇒　　　　　　　) un muro de tres metros de alto

　　　　　　　　　　　　　　　　　　　　　　　高さ3メートルの塀を築く

15. hacer (⇒　　　　　　　) esfuerzos por la paz　　　平和のために尽力する

(celebrar, cometer, componer, construir, elaborar, montar, preparar, realizar)

用例

Es un joven que *se dedica a* la política.　　　彼は政治の仕事をしている若者だ。

El incendio nos *ha causado* muchos daños materiales.

　　　　　　　　　　　　　火事は私たちに多くの物的損害をもたらした。

No es fácil *dibujar* un mapa de carreteras de esta área.

　　　　　　　　　　　　この地域の道路地図を描くのは容易でない。

16. hacer （⇒　　　　　　） una alfombra roja　　　　　赤いじゅうたんを織る

17. hacer （⇒　　　　　　） la paz con el país vecino　　隣国と講和条約に調印する

18. hacer （⇒ *obrar*　　　） milagros　　　　　　　　　奇跡をもたらす

19. hacer （⇒ *entablar / trabar*） amistad con...　　　　　　～と親しくなる

20. hacer （⇒　　　　　　） la mitad del camino　　　　道程の半分を踏破する

21. hacer （⇒ *expedir*　　　） un certificado de asistencia　出席証明書を発行する

22. hacer （⇒　　　　　　） veinte años　　　　　　　　20歳になる

23. hacerse （⇒　　　　　　） ilusiones　　　　　　　　　幻想（夢）を抱く

24. hacerse （⇒ *acostumbrarse*） a la vida urbana　　　　都会生活に慣れる

25. hacerse con （⇒　　　　　） la confianza del jefe　　　上司の信頼を得る

　　（ cumplir, firmar, forjarse, ganarse, recorrer, tejer ）

2. 動詞 dar

下記の語群から適切な動詞を選んで、言い換えましょう。

1. dar （⇒　　　　　　） una oportunidad　　　機会を与える

2. dar （⇒　　　　　　） una fecha　　　　　　日取りを決める

3. dar （⇒　　　　　　 / *ocasionar*） problemas　　問題を起こす

4. dar （⇒　　　　　　） luz　　　　　　　　　光を放つ

5. dar （⇒ *facilitar*　　　） la información　　　情報を提供する

　　（ brindar, causar, fijar, proyectar）

用例

Durante las vacaciones de verano *trabé* amistad con dos turistas españoles.
　　　　　　　　　夏休みの間に私は2人のスペイン人旅行者と親しくなった。

Le costó mucho trabajo *acostumbrarse* a la vida urbana.
　　　　　　　　　　　　彼は都会生活に慣れるのに苦労した。

¿Quién nos *facilitará* todo lo que necesitamos?
　　　　　　　　　誰が私たちに必要なものをすべて提供してくれるだろうか。

動詞

3. 動詞 tener

下記の語群から適切な動詞を選んで、言い換えましょう。

1. tener (⇒ *contener*) muchas vitaminas　　　多くのビタミンを含む

2. tener (⇒　　　　　) un gran proyecto　　　大プロジェクトを構想する

3. tener (⇒　　　　　) cambios importantes　　重大な変化を被る

4. tener (⇒ *gozar de*) buena salud　　　　　健康に恵まれている

5. tener (⇒　　　　　) un cargo técnico　　　技術職に就いている

6. tener (⇒ *alimentar*) la esperanza de ser una actriz

　　　　　　　　　　　　　　　　　女優になる希望をかき立てる

7. tener (⇒　　　　　) síntomas depresivos　　うつの症状を示す

8. tener (⇒ *profesar*) una ideología nacionalista

　　　　　　　　　　　　　　　　国家主義的なイデオロギーを信奉する

9. tener (⇒ *adoptar*) una actitud [postura] positiva

　　　　　　　　　　　　　　　　積極的な態度 [姿勢] を取る

10. tener (⇒ *padecer /* 　　　　) una enfermedad grave　重病を患う

11. tener (⇒　　　　　) una meta　　　　　　目標を定める

12. tener (⇒ *lograr /* 　　　　) buenos resultados　良い結果を得る

13. tener (⇒ *llevar / arrastrar*) una vida miserable　みじめな生活をする

14. tener (⇒ *disponer de*) tiempo / recursos　時間／資源を持つ

15. tener (⇒　　　　　) fama internacional　国際的な名声を得る

(alcanzar, concebir, experimentar, fijar, obtener, ocupar, presentar, sufrir)

用例

Este alimento *contiene* muchas vitaminas.　この食品は多くのビタミンを含む。

Es deseable *adoptar* una actitud positiva en la vida.

　　　　　　　　　　人生においては積極的な態度を取ることが望ましい。

Ya no *dispongo de* tiempo para hacerlo.　もう私にはそれをする時間がない。

4. 動詞 haber

下記の語群から適切な動詞を選んで、言い換えましょう。

1. haber (⇒   ) una civilización antigua　古代文明が栄える
2. haber (⇒ *experimentarse*) un cambio notable　顕著な変化が感じられる
3. haber (⇒   ) lluvias intensas　激しい雨が記録される
4. haber (⇒ *producirse*   ) una explosión tremenda　ものすごい爆発が発生する
5. haber (⇒   / *circular*) rumores de fusión entre bancos
                                 銀行合併のうわさが流れる
6. haber (⇒ *celebrarse* /   ) una fiesta de bienvenida　歓迎会が開催される
7. haber (⇒   ) indicios de delito fiscal　会計犯罪の証拠が存在する
8. haber (⇒ *llover*   ) críticas a esa obra　その作品に批判が降りかかる
9. haber (⇒   ) un crimen grave　重大犯罪が犯される
10. haber (⇒ *figurar*) en la lista de invitados　招待者リストに入っている

(cometerse, correr, existir, florecer, organizarse, registrarse)

5. 動詞 poner

下記の語群から適切な動詞を選んで、言い換えましょう。

1. poner (⇒   ) atención a lo que sucede ahora
                         今起きていることに注意を払う
2. ponerle (⇒ *asignarle*) tareas por encima de su capacidad
                         彼の能力を超える仕事を課する
3. poner (⇒ *instalar*) un equipo de aire acondicionado　エアコン装備を設置する
4. poner (⇒   ) una película de dibujos animados　アニメ映画を上映する
5. poner (⇒   ) fuego a la leña　まきに火をつける

(dar, prender, prestar)

用例

Ayer *se produjo* una explosión tremenda en la fábrica.
                     昨日工場でものすごい爆発が発生した。

Los dos no *figuran* en la lista de invitados.
                     その二人は招待者リストに入っていない。

Hace falta *instalar* un equipo de aire acondicionado para pasar este caluroso
verano.　この暑い夏を過ごすためにエアコン装備を設置することが必要だ。

動詞

6. 動詞 decir

下記の語群から適切な動詞を選んで、言い換えましょう。

1. decir (⇒   / señalar) un lugar y una fecha　　場所と日取りを指示する
2. decir (⇒ *pronunciar*) una palabra　　　　　　一語を発する
3. decir (⇒ *expresar*   ) el texto incorrectamente　テキストを不正確に表現する
4. decir (⇒   ) ideas u opiniones　　　　考えや意見を表明する
5. decir (⇒   ) en el juicio como testigo　証人として裁判で供述する
   (declarar, exponer, indicar)

7. 動詞 dejar

下記の語群から適切な動詞を選んで、言い換えましょう。

1. dejarle (⇒   ) pasar　　　　　　　　彼を通してやる
2. dejar (⇒   ) algo para mañana　　　何かを明日に延ばす
3. dejar (⇒ *abandonar*) los estudios　　　　　学業を放棄する
4. dejarle (⇒   ) una pluma　　　　　　彼にペンを貸す
5. dejar (⇒ *cesar* / *parar* / *terminar*) de llover　雨が降りやむ
   (aplazar, permitirle, prestarle)

8. 動詞 echar

下記の語群から適切な動詞を選んで、言い換えましょう。

1. echar (⇒ *tirar*) basura　　　　　　　　　ごみを捨てる
2. echarle (⇒ *despedirle*) del trabajo　　　　彼を解雇する
3. echar (⇒   ) humo　　　　　　　　煙を出す
4. echar (⇒   ) una multa de cien euros　100ユーロの罰金を科す
5. echar abajo (⇒   ) el edificio　　　　　ビルを取り壊す
   (derribar, despedir, imponer)

用例

No quiero *pronunciar* ni una palabra.　　　　私は一語も発したくない。
Tuvo que *abandonar* los estudios por razones económicas.
　　　　　　　　彼は経済的理由で学業を放棄しなければならなかった。
Está prohibido *tirar* basura aquí.　　ここにゴミを捨てるのは禁止されている。

9. 動詞 sacar

下記の語群から適切な動詞を選んで、言い換えましょう。

1. sacar（⇒　　　　　　）dos entradas del cine 　　映画館の入場券を2枚買う
2. sacar（⇒ *retirar*　）dinero de un banco 　　　銀行からお金を引き出す
3. sacar（⇒　　　　　　）fotos 　　　　　　　　　写真を撮る
4. sacar（⇒ *citar*　　）unos refranes del Quijote
　　　　　　　　　　　　　　『ドン・キホーテ』からいくつかことわざを引用する
5. sacar（⇒　　　　　　）buenas notas 　　　　　　良い成績を得る
　（ comprar, obtener, hacer ）

10. 動詞 tirar

下記の語群から適切な動詞を選んで、言い換えましょう。

1. tirar（⇒　　　　　　　）mil ejemplares 　　　　　1000部印刷する
2. tirar（⇒　　　　　　　）un cohete espacial 　　　　宇宙ロケットを発射する
3. tirar（⇒ *desechar*　 ）ropa vieja 　　　　　　　古着を捨てる
4. tirar（⇒ *malgastar*　）el dinero apostando 　　　　賭けをしてお金を浪費する
5. tirar（⇒　　　　　　　）la vieja casa en ruinas 　　廃墟となった古い家を取り壊す
　（ derribar, imprimir, lanzar ）

11. 動詞 tomar

下記の語群から適切な動詞を選んで、言い換えましょう。

1. tomarla（⇒ *agarrarla* ）de la mano 　　　　　　彼女の手をつかむ
2. tomar（⇒　　　　　　　）un taxi 　　　　　　　　タクシーに乗る
3. tomar（⇒ *comer o beber* ）algo en un bar 　　　　バルで何かを飲む（食べる）
4. tomar（⇒　　　　　　　）medidas de prevención 　予防措置をとる
5. tomar（⇒　　　　　　　）la temperatura 　　　　　温度を測る
　（ adoptar, coger, medir ）

用例

Hoy tengo que *retirar* dinero de un banco.
　　　　　　　　　　　　　　今日私は銀行からお金を引き出さねばならない。

Es un pecado *malgastar* el dinero apostando a ciegas.
　　　　　　　　　　　　やみくもに賭けをしてお金を浪費するのはもったいない。

La agarraron de la mano izquierda. 　　　　彼女は左腕をつかまれた。

★誰もが入門初級で習う**基本動詞は、かくも多様な意味や用法がある**ので、実は
非常に難しいです。こうした言い換えを通して、理解を深めながら語彙のレベ
ルアップを目指しましょう。

（　　　）に適切な語を補い、単独動詞を同じ意味の動詞句に言い換えてみましょう。

Ej. **Los dos se <u>abrazaron</u>** [⇒ se dieron un *abrazo*] **fuerte.**

その二人は強く抱き合った。

1. Hay que <u>aclarar</u> [⇒ poner en *claro*] este concepto.
   この概念を明らかにしなければならない。

2. <u>Acostumbramos</u> a [Tenemos la (　　　　　　) de] jugar al tenis los
   domingos por la mañana.　　私たちは日曜日の朝テニスをする習慣がある。

3. El mundo <u>afronta</u> [⇒ hace *frente* a] la realidad del cambio climático.
   世界は気候変動の現実に直面している。

4. Hace falta <u>analizar</u> [⇒ hacer un (　　　　　　) de] esta situación.
   この状況を分析する必要がある。

5. Hay que <u>apuntar</u> [⇒ tomar (　　　　　　) de] todas las respuestas.
   すべての返答をメモしなければならない。

6. Sé <u>aprovechar</u> [⇒ sacar (　　　　　　) de] mis ventajas.
   私は自分の強みの活かし方を心得ている。

7. Este avión va a <u>aterrizar</u> [⇒ tomar *tierra*] pronto en el aeropuerto.
   この飛行機は空港に間もなく着陸するだろう。

8. La velocidad del avance tecnológico <u>aumenta</u> [⇒ va en (　　　　　　)]
   con el tiempo.　　テクノロジー進化のスピードは、時とともに増大する。

9. Estamos listos para <u>ayudar</u> [⇒ prestar *ayuda*] a los vecinos afectados por
   el terremoto.　　私たちは地震による被災住民を助ける準備ができている。

10. <u>Bésame.</u> [⇒ Dame un (　　　　　　)].　　キスして。

11. Vamos a <u>brindar</u> [⇒ hacer un *brindis*] por la victoria.
    勝利の祝杯をあげよう。

12. Me parece imposible <u>cargarse con</u> / <u>encargarse</u> [⇒ hacerse (　　　　　　)]
    <u>de</u> todo esto.　　これを全部引き受けるのは私には不可能に思える。

13. No quiero <u>comentar</u> [⇒ hacer *comentarios* sobre] este asunto.
    私はこの件についてコメントしたくない。

14. Vamos a <u>comenzar</u> [⇒ dar *comienzo* a] la sesión.　　会議を始めましょう。

15. ¿Puedes <u>confiar</u> [⇒ tener (　　　　　　)] <u>en</u> él? 君は彼を信用できるかい？

16. Tengo que <u>contactar</u> [⇒ ponerse en (　　　　　)] <u>con</u> el jefe.
　　私は上司と連絡をとらなければならない。

17. Hay que <u>decidir</u> [⇒ tomar una (　　　　　)] al respecto.
　　それに関して決定をしなければならない。

18. <u>Desea</u> [⇒ Tiene *deseo*(*s*) de] ser abogada.
　　彼女は弁護士になりたがっている。

19. Me <u>duele</u> la cabeza. [⇒ Tengo (　　　　　) de cabeza].
　　私は頭が痛い。

20. Nadie puede <u>dudar de</u> [⇒ poner en (　　　　　)] su sinceridad.
　　誰も彼の誠実さを疑うことはできない。

21. Conviene <u>enfatizar</u> [⇒ poner *énfasis* en] este punto de vista.
　　この観点を重視した方がよい。

22. Estos días ha empezado a <u>enfermar</u> [⇒ caer / ponerse (　　　　　)].
　　このごろ彼は具合が悪くなり始めた。

23. Hay que <u>esforzarse</u> [⇒ hacer un (　　　　　)] para ganarse la vida.
　　生計を立てるために頑張らなければならない。

24. Ya es hora de <u>limpiar</u> [⇒ hacer la *limpieza* de] la casa.
　　もう家の掃除をする時間だ。

25. ¿Me puedes <u>llamar</u> [⇒ hacer una (　　　　　)] esta noche?
　　今夜電話をしてくれるかい？

26. Hay que <u>mencionar</u> [⇒ hacer *mención* de] esta situación crítica.
　　この危機的状況のことを話さねばならない。

27. Siempre os <u>miente</u> [⇒ dice / cuenta (　　　　　)].
　　彼はいつも君たちにうそを言う。

28. Ayer empecé a <u>ordenar</u> [⇒ *poner en* (　　　　　)] los papeles.
　　昨日私は書類を整理し始めた。

29. Nos gusta <u>pasear</u> [⇒ dar un (　　　　　)] por el parque.
　　私たちは公園を散歩するのが好きだ。

30. Voy a <u>pedir</u> [⇒ hacer un *pedido* de] varios libros en esta librería.
　　私はこの本屋で数冊の本を注文しよう。

31. Le voy a <u>preguntar</u> [⇒ hacer una (　　　　　)] al responsable.
私は責任者に質問しよう。

32. <u>Resolvieron</u> [⇒ tomaron la *resolución* de] vivir en el exilio.
彼らは亡命して異国で暮らす決意をした。

33. Está dispuesta a <u>sacrificarse</u> [⇒ hacer (　　　　　)] por ti.
彼女は君のために犠牲を払う用意がある。

34. Continúan las negociaciones para <u>terminar</u> [⇒ poner (　　　　) a] la
lucha armada.　　武装闘争に終止符を打つための交渉が続く。

35. Intentaba moverse sin <u>tropezar</u> [⇒ dar un *tropiezo*].
彼はつまずかずに移動しようとしていた。

36. Le <u>presionan</u> [⇒ hacen (　　　　　)] para que dimita de su cargo de
diputado.　　彼は議員の職を辞するよう圧力をかけられている。

37. Hoy tienes que <u>recorrer</u> [⇒ hacer un *recorrido* de] 10 kilómetros a pie.
今日君は10キロの道のりを歩きとおさねばならない。

38. Hay que <u>referirse</u> [⇒ hacer *referencia* <u>a</u>] este tema.
このテーマに言及しなければならない。

39. Me hace falta <u>rematar</u> [⇒ dar (　　　　　) a] este negocio.
私にはこの取引を片付ける必要がある。

40. Se tomarán medidas para <u>remediar</u> [⇒ poner (　　　　) a] esta
situación.　　この状況を解決する措置が取られるだろう。

41. <u>Resistieron</u> [⇒ oponer / ofrecer *resistencia*] a la invasión enemiga.
彼らは敵の侵略に抵抗した。

42. Se queda en casa para no <u>resfriarse</u> [⇒ coger / pillar un (　　　　)].
彼は風邪をひかないように家にとどまる。

43. Mi sueño es <u>viajar</u> [⇒ hacer un (　　　　)] por todo el mundo.
私の夢は世界旅行をすることだ。

44. El presidente de EE. UU. acaba de <u>visitar</u> [⇒ hacer una (　　　　) a]
España.　　米国大統領はスペイン訪問をしたばかりだ。

45. El camión estuvo a punto de <u>volcar</u> [⇒ dar un *vuelco*].
トラックはひっくり返りそうになった。

13. 形容詞（句）の言い換え

各文中のイタリック体の表現を下記の語群から選んで言い換えてみましょう。

1. El resultado ha sido *muy malo*（⇒   ）.　　結果はひどかった。

2. Esta pregunta es *muy elemental*（⇒   ）.　　この質問は簡単だ。

3. Tengo amistad *muy estrecha*（⇒   ）con ella.
   私は彼女と非常に親しい。

4. El agua es *muy necesaria*（⇒ *indispensable*）para la vida.
   水は生活に欠かせない。

5. El estreno será *muy próximo*（⇒ *inminente*）.　　封切は迫っている。

6. Esto es mi trabajo *de todos los días*（⇒   ）.
   これが毎日の私の仕事だ。

7. Hay varias formas de transporte: *por avión, por tierra y por barco*（⇒ *aéreo, terrestre y marítimo*）.　　航空便、陸送、船便といくつかの輸送方法がある。

8. Mantienen una relación *entre amigos*（⇒   ）desde hace muchos años.　　彼らは長年友好関係を保っている。

9. Condenamos de manera *fuerte*（⇒ *enérgica*）este asesinato.
   我々はこの殺害を強く非難する。

10. Soy *responsable*（⇒   ）de esta decisión.
    私はこの決定を自覚している。

11. *No sabe*（⇒ *Es incapaz de*）controlarse.　　彼は自分をコントロールできない。

12. Es una obra *que merece ser premiada*（⇒   ）.
    それは賞に値する作品だ。

13. Es un joven *que confía en*（⇒ *seguro de*）sí mismo.
    彼は自分自身に自信がある若者だ。

14. Es una artista *que no tiene equivalente*（⇒   ）en su género.
    彼女はジャンルにおいて唯一無二の芸術家だ。

15. Es una opinión *que se aparta del*（⇒ *ajena al*）tema.
    それはテーマに関係ない意見だ。

< amistosa, consciente, diario, digna de premio, fatal, íntima, simple, única >

★形容詞（句）の言い換えです。ここでも語彙の理解を深めて、表現の幅を広げてみましょう。上の例にある "de manera *enérgica*" は副詞句を構成し、"*enérgicamente*" と同じ意味になります。また "de modo *enérgico*"、"en [de] forma *enérgica*" という言い方もできます。

14. 副詞の言い換え

前置詞を伴う2語以上の表現に以下の -mente 副詞を言い換えましょう。

Ej.
alegremente	→	*con alegría*	快活に
casualmente	→	*por casualidad*	偶然に
concretamente	→	*en concreto*	具体的に

1. absolutamente	→	en *absoluto*	全然、まったく
2. actualmente	→	*en la* ( )	現在は
3. afortunadamente	→	*por fortuna* [*suerte*]	幸運にも
4. aparentemente	→	en ( )	表面上は
5. atentamente	→	con ( )	注意深く：丁寧に
6. brevemente	→	en ( )	すぐに
7. claramente	→	*con claridad*	はっきりと
8. completamente	→	*por completo*	完全に
9. cuidadosamente	→	con ( )	注意して
10. curiosamente	→	con ( )	好奇心を持って
11. definitivamente	→	*en definitiva*	決定的に
12. desgraciadamente	→	por ( )	不幸にも
13. detalladamente	→	en [con] ( )	詳細に
14. diariamente	→	*a diario*	毎日
15. difícilmente	→	con ( )	やっとのことで

用例

¿Te gustó esta novela? — No, *en absoluto*.

この小説は気に入ったかい？ —— いや、全然。

Desde entonces ella ha cambiado de carácter *por completo*.

その時以来、彼女は完全に性格が変わってしまった。

Hago ejercicio *a diario*.　　　　　　　　私は毎日運動をする。

16. duramente	→	con（　　　　　）	厳しく
17. efectivamente	→	*en efecto*	実際；その通り
18. eficazmente	→	con（　　　　　）	効果的に
19. enérgicamente	→	con（　　　　　）	精力的に
20. enteramente	→	*por entero*	すっかり、完全に
21. especialmente	→	en（　　　　　）	特に
22. exactamente	→	*con exactitud*	正確に
23. excesivamente	→	*en exceso*	過度に
24. exclusivamente	→	en（　　　　　）	もっぱら：排他的に
25. extremadamente	→	en（　　　　　）	極度に
26. fácilmente	→	con（　　　　　）	容易に、たやすく
27. finalmente	→	*al fin, por fin; en fin*	最後に；結局は
28. firmemente	→	con（　　　　　）	しっかりと；堅く
29. francamente	→	*con*（　　　　　）	率直に
30. frecuentemente	→	con（　　　　　）	たびたび、頻繁に

用例

En efecto, yo no sabía nada de su identidad.

実際、私は彼女の身元を何も知らなかった。

No es saludable trabajar *en exceso*.

働き過ぎは健康に良くない。

Por fin hemos llegado a un acuerdo con él.

ついに私たちは彼との合意に達した。

---

31. generalmente	→	*en general / por lo general*	一般に、普通は
32. generosamente	→	con（　　　　）	寛大に；気前よく
33. hábilmente	→	con（　　　　）	器用に、巧みに
34. igualmente	→	*por igual*	平等に、均等に
35. indudablemente	→	*sin duda（alguna）*	疑いなく、確かに
36. inmediatamente	→	*de inmediato*	ただちに
37. insistentemente	→	con（　　　　）	しつこく、執拗に
38. intensamente	→	con（　　　　）	強烈に、激しく
39. lentamente	→	con（　　　　）	ゆっくりと
40. libremente	→	*con libertad*	自由に
41. maravillosamente	→	de（　　　　）	素晴らしく
42. necesariamente	→	por（　　　　）	必然的に；どうしても
43. nuevamente	→	*de nuevo*	もう一度、再び
44. parcialmente	→	*en parte*	部分的に
45. particularmente	→	en（　　　　）	特に、とりわけ

用例

En general llueve mucho en esta región.	一般にこの地域では雨が多い。
Merece la pena hacerlo *de inmediato*.	ただちにそうする価値がある。
Esta obra es buena solo *en parte*.	この作品は部分的にだけ良い。

★ -mente 副詞ならではの用法

　例えば、exactamente は「正確に」の語義とは別に、「その通り」という間投詞的な同意の意味で話し言葉によく使われます。Igualmente は「等しく；平等に」だけでなく、「こちらこそ」と相手にも同じことを望む応答ともなります。

46. perfectamente	→	a la (	)	完全に、完璧に
47. personalmente	→	en (	)	自ら、自分で
48. prácticamente	→	*en la práctica*		実際上は
49. precisamente	→	con (	)	正確に、精密に
50. profundamente	→	*en profundidad*		深く；掘り下げて
51. rápidamente	→	con (	)	速く
52. realmente	→	*en realidad*		本当は、実際は
53. repentinamente	→	de (	)	突然、急に
54. secretamente	→	en (	)	秘密に
55. separadamente	→	*por separado*		別にして
56. seriamente	→	con (	) / *en serio*	まじめに、本気で
57. sinceramente	→	con (	)	本心から、誠意を持って
58. unánimemente	→	*por unanimidad*		満場一致で
59. urgentemente	→	con (	)	緊急に
60. verdaderamente	→	de (	)	本当に

副詞の言い換え

用例

Muchos científicos investigarán *en profundidad* este fenómeno natural.

多くの科学者がこの自然現象を掘り下げて研究するだろう。

En realidad estamos en crisis económica.　　実際われわれは経済危機にある。

¿Me lo dices *en serio*?　　　　　　　　　　真剣にそう言うのかい？

★副詞句の前置詞

　例えば、frecuentemente に対応する *con* frecuencia のように、一般的に con を伴う表現が目立ちますが、en, por など他の前置詞も使われるので注意しましょう。また名詞に定冠詞が付く場合もあります（例. en *la* actualidad ）。

15. 前置詞句（の言い換え）

下記の語群から適切な語を選んで、各文中の前置詞句を完成させましょう。

1. Nuestro objetivo ya está al *alcance* de la mano.
   われわれの目標はもう手の届くところにある。

2. Está al _____ de la empresa filial. 彼は子会社の陣頭指揮をしている。

3. Hoy tiene lugar un concierto con *motivo* de su aniversario.
   今日は彼の記念日に際してコンサートが開催される。

4. Es importante saber cómo actuar en _____ de emergencia.
   緊急事態の場合にどう行動すべきか知ることは大事だ。

5. Ya han salido en _____ a la oficina.
   もう彼らはオフィスに向かって出ている。

6. No pienso exigirte nada a _____ de mi colaboración.
   私の協力と引き換えに君に何も要求するつもりはない。

7. Estuvo al *borde* de la locura.　　彼は発狂寸前であった。

8. Sigue aumentando la población de los países en *vías* de desarrollo.
   発展途上国の人口は増加し続けている。

9. Esto es sumamente difícil de resolver a _____ de otros problemas.
   これは他の問題と異なりきわめて解決が難しい。

10. Este edificio está en _____ de derrumbarse.
    この建物は倒壊の危険にある。

11. Hay mucho que hacer en *beneficio* del bienestar social.
    社会福祉のためにすべきことはたくさんある。

12. Este plan salió mal por _____ de mi error.
    この計画は私のミスで失敗した。

13. Aún vive a _____ de sus padres.
    彼はまだ親のすねをかじって生活している。

14. Me veo en la *necesidad* de aceptarlo.
    私はそれを受け入れる必要に迫られている。

15. Vienen luchando en _____ de los derechos humanos.
    彼らは人権擁護のために戦ってきている。

(cambio, caso, costa, culpa, defensa, diferencia, dirección, mando, peligro)

16. Estoy <u>al tanto de</u> lo que ha pasado aquí.
    私はここで起きたことをよく知っている。

17. Pasado mañana voy a tomar un vuelo <u>rumbo a</u> Barcelona.
    明後日わたしはバルセロナ行きのフライトに乗るつもりだ。

18. Hay mucha polémica <u>(con) respecto a</u> la subida del impuesto sobre el consumo.
    消費税引き上げに関してたくさん論争がある。

19. Ella ahorra doscientos euros al mes <u>con el fin</u> [<u>objeto</u> / <u>propósito</u>] <u>de</u> viajar por
    Japón.　　彼女は日本旅行をする目的で月に200ユーロ貯蓄する。

20. Me hicieron unas preguntas <u>relativas</u> a ese acontecimiento.
    私はその出来事に関係するいくつかの質問をされた。

21. Hay que actuar <u>según</u> [<u>conforme a</u>] las reglas del Estado de derecho.
    法治国家のルールに従って行動しなければならない。

22. Llevo tres meses <u>buscando</u> un trabajo.　　私は仕事を探して3か月になる。

23. Aquí llueve mucho <u>comparado con</u> el resto de la región.
    ここは地域の他に比べて雨が多い。

24. Tengo que pagar más de cien euros <u>como</u> comisiones.
    私は手数料として100ユーロ以上払わなければならない。

25. Se desmayó <u>en mitad de</u> la conferencia.　　彼は講演の最中に気を失った。

26. El sol está <u>para</u> salir.　　太陽は今にも上ろうとしている。

27. Vive <u>apartado de</u> la sociedad.　　彼は社会から引きこもって暮らしている。

28. No le dije nada <u>temiendo</u> herir su orgullo.
    彼のプライドを傷つけるのを恐れて何も言わなかった。

29. El paciente va a mejorar <u>por medio de</u> esta medicina.
    患者はこの薬によって具合が良くなるだろう

30. Fueron a la montaña <u>en lugar de</u> ir al mar.
    彼らは海に行くかわりに山へ行った。

31. En este salón hay <u>aproximadamente</u> trescientas personas.
    この広間にはおよそ300人いる。

al corriente de / con destino a / en cuanto a / con la intención de / con relación a
/ de acuerdo con / en busca de / en comparación con / en concepto de / en medio
de / a punto de / al margen de / por temor a / a base de / en torno a / en vez de

72

32. Asiste a esta clase <u>como</u> oyente.　　彼はこのクラスに聴講生として出席している。

33. Estoy <u>en [a la] espera de</u> una respuesta positiva.
私は前向きな返事を期待している。

34. Se abrieron varios refugios <u>en apoyo de</u> los afectados por el terremoto.
地震の被災者のためにいくつかの避難所が開設された。

35. El presupuesto se reparte <u>dependiendo de</u> la población de los estados miembros.
予算はメンバー国の人口に応じて分配される。

36. El director general les saludará <u>en nombre de</u> la empresa.
総支配人は会社を代表してあなたがたにあいさつするでしょう。

37. <u>En señal de</u> mi gratitud te traigo un regalo.
感謝のしるしに贈り物を持ってきたよ。

38. Dimitió de su cargo <u>por motivos de</u> salud.
彼は健康上の理由で自分の役職を辞した。

39. Los alumnos están sentados <u>en torno a</u> la maestra.
生徒たちは女性の先生の周りに座っている。

40. Podemos hacerlo <u>en virtud de</u> los avances tecnológicos.
私たちは技術的進歩のおかげでそうできる。

> alrededor de / en calidad de / a la expectativa de / en función de / en favor de /
> en prueba de / en representación de / gracias a / por razones de

前置詞句（の言い換え）

各文中の下線部に反対語を補いましょう。

1. Mis padres viven ＿＿＿＿＿＿＿＿ de aquí.　　（ ⇔ cerca ）
私の両親はここから遠くに住んでいる。

2. Está sentada <u>a la</u> ＿＿＿＿＿＿＿ de la mesa.　　（ ⇔ derecha ）
彼女はテーブルの左側に座っている。

3. No hay nada <u>en el</u> ＿＿＿＿＿＿＿ de la caja fuerte.　　（ ⇔ exterior ）
金庫の内部には何もない。

4. Estamos ＿＿＿＿＿＿＿ de esta reforma.　　（ ⇔　a favor ）
私たちはこの改革に反対だ。

5. Sus calificaciones están <u>por</u> ＿＿＿＿＿＿＿ <u>de</u> la media.　　（ ⇔　debajo ）
彼の評価は平均を上回っている。

★**よく現れる接頭辞**

　Ⅱ 反対語「5．接頭辞による反対語」では否定を表す接頭辞をテーマに取り上げました。比較的よく現れる他の接頭辞もチェックしておきましょう。

ante- ＜前・先＞：antecedente（先例），anteponer（前に置く：優先する）

anti- ＜反対・予防＞：antigubernamental（反政府の），antirrobo（盗難防止の）

co-, con(com)- ＜共同・共通＞：compartir（分け合う），convivencia（共同生活），
　　　　　　　　　　　　　　　　cooperación（協力）

contra- ＜反対・予防＞：contraataque（反撃），contraincendios（防火の）

en(em)- ＜中・内＞：embarcar（乗船させる），enterrar（埋める）

ex-¹ ＜外・除去＞：excluir（除外する），exportar（輸出する）

ex-² ＜前［元・旧］＞：exmarido（前の夫），exministro（前［元］大臣）

extra- ＜…の外・超＞：extramuros（町の外で），extraordinario（異常な）

in(im)- ＜中・内＞：importar（輸入する），incluir（含む）

inter- ＜中間；相互＞：internacional（国際的な），interponer（間に置く）

pos(t)- ＜後＞：posguerra（戦後），posponer（延期する）

pre- ＜前・先＞：precedente（先例），prever（予見する）

re- ＜再＞：renacimiento（再生），reproducir（再現する）

sub- ＜下＞：submarino（海底の；潜水艦），subrayar（下線を引く）

super- ＜上・超＞：superponer（上に置く），superpotencia（超大国）

tra(n)s- ＜超えて・横断＞：transportar（輸送する），traslado（移動；転居）

Ⅳ　その他

IV その他

1. 不規則な過去分詞形

各動詞の不規則な過去分詞形を（　　）内に記しましょう。

1. abir　　　　　(*abierto*)
2. cubrir　　　　(　　　　　)
3. decir　　　　 (　　　　　)
4. escribir　　　(　　　　　)
5. freír　　　　 (*frito*)
6. hacer　　　　(*hecho*)
7. morir　　　　(　　　　　)
8. poner　　　　(　　　　　)
9. romper　　　 (*roto*)
10. satisfacer　 (　　　　　)
11. ver　　　　　(　　　　　)
12. volver　　　 (*vuelto*)
13. componer　　(　　　　　)
14. imponer　　 (*impuesto*)
15. suponer　　 (　　　　　)

用例

Recientemente mi tío ha *abierto* una tienda en Zaragoza.

最近、私のおじはサラゴサに店を開いた。

Se han *roto* dos platos.　　　　　　　　2枚皿が割れてしまった。

Hoy el profesor nos ha *impuesto* muchos deberes.

今日、先生は私たちにたくさん宿題を課した。

16. contradecir (*contradicho*)

17. describir ( )

18. descubrir ( )

19. deshacer (*deshecho*)

20. devolver ( )

21. disponer (*dispuesto*)

22. envolver ( )

23. exponer ( )

24. imprimir (*impreso*)

25. inscribir ( )

26. oponer ( )

27. prever (*previsto*)

28. proponer ( )

29. resolver (*resuelto*)

30. suscribir ( )

用例

Piensa volver a hacer lo que se ha *deshecho*.

彼は壊れたものを作り直そうと考えている。

Se han *impreso* más de diez mil ejemplares de la obra.

作品は1万部以上印刷された。

Todavía no se ha *resuelto* este conflicto.　まだこの紛争は解決していない。

★**不規則な過去分詞形**は、des-, im- などの接頭辞が付いても、des*hecho*, im*puesto* のように元の動詞の形がそのまま保たれます。従って componer からは com*puesto*、contradecir からは contra*dicho* になります。
またこれらの過去分詞は、しばしば形容詞としても使われます。

Ej. patatas *fritas*（フライドポテト）

cuerpo *muerto*（死体）

No estoy *satisfecho* con el resultado.　私は結果に満足していない。

2. 時間の語彙

表す時間の長さに従って、下記の語群を並べ替えましょう。

1. año
2. cuarto（de hora）
3. décima de segundo（10分の1秒）
4. día / jornada
5. década（10年）
6. hora
7. media（hora）
8. mes
9. milenio（1000年）
10. minuto
11. segundo（秒）
12. semana
13. semestre（6か月）
14. siglo
15. trimestre（3か月）

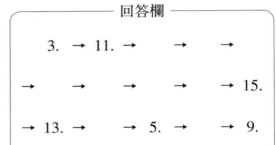

回答欄

3. → 11. → → →

→ → → → → 15.

→ 13. → → 5. → → 9.

用例

Se hizo una actriz famosa en la *década* de los ochenta.

彼女は1980年代に有名な女優になった。

Hemos entrado en el tercer *milenio*. 私たちは紀元2000年代に入った。

Estas obras se llevarán a cabo para el primer *semestre* de 2024.

この工事は2024年上半期までに実行されるだろう。

★上記の décima de segundo にあるように、**この décima は10分の1を表し**、女性形なのは女性名詞の parte（部分）が省略されているからです。従って、centésima de segundo（100分の1秒）、milésima de segundo（1000分の1秒）となります。興味深いのは、英語の *second* にも言えますが、「2番目の」と「秒」は同じ語です。これは hora の60分の1が minuto（「細分された」が語源）で、「秒」は「2番目の」60分の1から来ています。

3. tener の慣用表現（＋無冠詞名詞）

適切な語を補い、文を完成させましょう。

1. Tengo *cariño* a mis hijas.　　私は娘たちに深い愛情を抱いている。

2. Tenemos *c*...　　en él.　　私たちは彼を信頼している。

3. Ten *c*...　　con el fuego.　　火に注意しなさい。

4. ¿Tendrá *é*...　　en sus negocios?　　彼はビジネスで成功するだろうか。

5. Tienes *facilidad* para cantar.　　君には歌の才能がある。

6. Tiene *f*...　　desde ayer.　　彼は昨日から熱がある。

7. Tengo *g*...　　de viajar por España.　　私はスペインを旅行したい。

8. Tiene *i*...　　en este partido.　　彼はこの党に影響力がある。

9. Tienen *miedo* a los perros.　　彼らは犬が怖い。

10. Ud. tiene *r* ...　　.　　あなたの言う通りです。

11. No tengo ni *i*...　　.　　私は全く分かりません。

12. No tengo más *remedio* que hacerlo.　　私にはそうするしか仕方がない。

13. No tiene *importancia*.　　大したことありません。

14. ¡Qué *s*...　　tengo!　　何て運がいいんだ！

15. Tengo *v*...　　de este error.　　私はこの間違いが恥ずかしい。

┌───┐
★同じタイプの< **tener ＋ 無冠詞名詞** >の基本表現も復習しておきましょう。
Tener hambre（空腹だ）/ sed（のどが渇いた）/ calor（暑い）/ frío（寒い）/
sueño（眠い）/ prisa（急いでいる）/ dolor de cabeza（頭が痛い）/ 20 años（20
歳だ）
└───┘

4. 2語以上の派生名詞

動詞からの意味に対応する名詞形を記しましょう。

1. buscar	⇒	busca, (　　　　　) 捜索；追求
2. contar	⇒	*cuenta* 数えること；勘定(書) / *cuento* 話、物語
3. contener	⇒	contención 抑制 / (　　　　　) 内容
4. correr	⇒	corrida 闘牛；一走り / (　　　　　) 流れ
5. cruzar	⇒	(　　　　　) 交差点 / cruzada 十字軍；運動
6. despedir	⇒	(　　　　　) 別れ、見送り / despido 解雇
7. esperar	⇒	*espera* 待つこと / *esperanza* 希望
8. experimentar	⇒	(　　　　　) 経験 / experimento 実験
9. explotar	⇒	(　　　　　) 爆発 / explotación 開発；採掘
10. imponer	⇒	imposición 強要 / (　　　　　) 税(金)
11. intentar	⇒	(　　　　　), intento 意図、目的
12. llamar	⇒	(　　　　　) 呼ぶこと / llamamiento 呼びかけ、訴え
13. mandar	⇒	mandamiento 命令；戒律 / mandato 命令；任期 /
		(　　　　　) 指揮；リモコン
14. pagar	⇒	paga 賃金 / (　　　　　) 支払い
15. partir	⇒	*partida* 出発 / *partido* 政党；試合
16. pedir	⇒	(　　　　　) 注文 / petición 願い；請願書

用例

La *cuenta*, por favor.　　　　　　　　　　　お勘定、お願いします。

Me encanta el final feliz de este *cuento*.

　　　　　　　　　私はこの話のハッピーエンドが大好きだ。

No hay nadie en la sala de *espera*.　　　　　待合室には誰もいない。

Siguen trabajando con la *esperanza* de una vida mejor.

　　　　　　彼らはより良い生活の希望を持って働き続けている。

¿Cuándo es tu *partida*? — Pasado mañana.

　　　　　　君の出発はいつだい？　——　明後日だよ。

El *partido* del equipo japonés es el próximo sábado.

　　　　　　　　　　　日本チームの試合は次の土曜日だ。

17.	perder	⇒	（　　　　　）損失 / perdición 破滅
18.	pasar	⇒	pasada 通行；横断 / （　　　　　）過去
19.	poner	⇒	*puesta* 置く（置かれる）こと；（日・月の）入り / *puesto* 売店；地位；順位
20.	proponer	⇒	proposición 提案；命題 / propósito 目的；意図 / （　　　　　）提案；申し出
21.	producir	⇒	*producción* 生産 / *producto* 生産物；結果
22.	proyectar	⇒	proyección 映写；発射 / （　　　　　）計画；設計（図）
23.	recibir	⇒	recepción 歓迎会；受付 / recibimiento 応接；歓迎 / （　　　　　）受領（書）、レシート
24.	rendir（se）	⇒	rendición 降伏 / （　　　　　）性能；生産性；収益
25.	retirar	⇒	retirada 撤退；取り下げ / （　　　　　）引退；（預金の）引き出し
26.	sentir	⇒	（　　　　　）感覚；意味；方向 / sentimiento 感情
27.	sugerir	⇒	（　　　　　）助言 / sugestión 暗示
28.	suponer	⇒	（　　　　　）, supuesto 推測；仮定
29.	tratar	⇒	trata 人身売買 / tratado 条約 / （　　　　　）待遇；治療；処理 / trato 扱い；交際
30.	ver	⇒	*visión* 見方、ビジョン / *vista* 視覚；眺め

用例

Damos un paseo por la playa contemplando la *puesta* del sol.
私たちは日没を眺めながら浜辺を散歩する。

Japón ocupa el *puesto* tercero de la economía mundial.
日本は世界経済の第3位を占める。

Esta empresa se dedica a la *producción* y venta de robots industriales.
この企業は産業用ロボットの生産と販売に従事している。

Se importan muchos *productos* agrícolas chinos.
多くの中国の農産物が輸入されている。

Es muy interesante la *visión* del mundo que nos presenta esta poesía.
この詩が私たちに提示する世界観はとても興味深い。

Ella vive en una casa con *vista* al mar. 彼女は海を臨む家に住んでいる。

動詞に対応する意味を表す名詞を下記の語群から選びましょう。

  1. acordarse :　　　　　　　　　　　　　　（思い出）

  2. contar :　　　　　　　　　　　　　　　　（語り）

  3. empezar :　　　　　　　　　　　　　　　（始まり）

  4. escoger :　　　*elección, selección*　　　（選択）

  5. ganar :　　　　*victoria*　　　　　　　　（勝利）

  6. haber :　　　　　　　　　　　　　　　　（存在）

  7. perder :　　　　　　　　　　　　　　　　（敗北）

  8. poner :　　　　　　　　　　　　　　　　（置くこと）

  9. mandar :　　　　*envío*　　　　　　　　（送ること）

 10. matar :　　　　　*asesinato*　　　　　　（殺害）

 11. sacar :　　　　　　　　　　　　　　　　（引き抜くこと）

 12. seguir :　　　　　　　　　　　　　　　　（継続）

 13. señalar :　　　　　　　　　　　　　　　（指示）

 14. tener :　　　　　*posesión*　　　　　　（所有）

 15. tratar（de）:　　*intento*　　　　　　　（試み）

⎰ colocación, comienzo, continuación, derrota, existencia, extracción,
⎱ indicación, narración, recuerdo

Vamos a celebrar la *victoria* del equipo.　　　　　チームの勝利を祝おう。

Los gastos de *envío* varían en función del peso.　送料は重量によって変動する。

Ayer el equipo de casa mantuvo la *posesión* del balón.

　　　　　　　　　昨日ホームチームはボールキープを続けた。

★動詞に対応する意味の名詞は、必ずしもその直接的な派生形とは限りません。
また動詞に複数の意味があると、名詞では別の語に分かれたりもします。直接的
な派生名詞よりも他の語の方が一般的であったり（例. tenencia に対する
posesión）、派生名詞の意味が特殊化している場合（例. matar の派生名詞
matanza「（大量）虐殺」）もあるので注意しましょう。

6. 異なる語形対応（形容詞／名詞）

適切な形容詞を下記の語群から選んで補いましょう。

1. ingeniero	(*naval*	←	barco	)	＜造船技師＞
2. incendio	(	←	bosque	)	＜森林火災＞
3. reforma	(	←	campo	)	＜農地改革＞
4. vida	(*rural*	←	campo	)	＜地方の生活＞
5. expresión	(	←	cara	)	＜顔の表情＞
6. población	(*urbana*	←	ciudad	)	＜都市人口＞
7. ataque	(	←	corazón	)	＜心臓発作＞
8. tarjeta	(	←	correo(s)	)	＜郵便はがき＞
9. huellas	(	←	dedo	)	＜指紋＞
10. persona	(*jurídica*	←	derecho, ley	)	＜法人＞
11. voluntad	(	←	Dios	)	＜神意＞
12. misa	(	←	domingo	)	＜日曜ミサ＞
13. junta	(*militar*	←	ejército	)	＜軍事評議会＞
14. acción	(	←	guerra	)	＜戦争行為＞
15. tareas	(*domésticas*	←	hogar	)	＜家事＞

（ agraria, bélica, cardíaco, digitales, divina, dominical, facial, forestal, postal ）

用例

Prefiero la vida *rural* a la urbana. 　　　私は都会より地方の生活の方が好きだ。

Esta organización es una persona *jurídica* sin fines de lucro.

　　　　　　　　　　　　　　　この組織は非営利法人だ。

A mí no me gustan las tareas *domésticas*. 　　　私は家事が嫌いだ。

16. sexo	(		←	hombre	)	＜男性＞
17. generación	(	*juvenil*	←	joven	)	＜若者世代＞
18. calle	(		←	lado	)	＜わきの通り、横道＞
19. diversidad	(	*lingüística*	←	lengua	)	＜言語的多様性＞
20. amor	(		←	madre	)	＜母性愛＞
21. belleza	(		←	mujer	)	＜女性美＞
22. ropa	(	*infantil*	←	niño	)	＜子供服＞
23. inspección	(	*ocular*	←	ojo	)	＜実地検証＞
24. autoridad	(		←	padre	)	＜父親の権威＞
25. opinión	(		←	pueblo	)	＜世論＞
26. palacio	(		←	rey	)	＜王宮＞
27. órgano	(	*sensorial*	←	sentido	)	＜感覚器官＞
28. industria	(		←	tejido	)	＜繊維産業＞
29. contrato	(	*laboral*	←	trabajo	)	＜労働契約＞
30. percepción	(		←	vista	)	＜視覚＞

（ femenina, lateral, masculino, materno, paterna, popular, real, textil, visual ）

用例

A la generación *juvenil* le interesa la moda.

若者世代はファッションに関心がある。

¿Dónde está la sección de ropa *infantil*?　　　　子供服売り場はどこですか。

Acabo de renovar mi contrato *laboral* con la empresa.

私は会社との労働契約を更新したばかりだ。

次の名詞は性により語義が異なります。下記の語群から対応する語義を選びましょう。

（m. = masculino 男性　　f. = femenino 女性）

1. capital　　　m. 資本　　　　　　　f. 首都：大文字
2. central　　　m.　　　　　　　　　f.
3. cólera　　　　m.　　　　　　　　　f.
4. coma　　　　m.　　　　　　　　　f.
5. corriente　　m. 今月：今年　　　　f. 流れ

（怒り／コレラ／昏睡(状態)　／コンマ／センターバック／本社：発電所）

6. corte　　　　m.　　　　　　　　　f.
7. cura　　　　m. 司祭　　　　　　　f. 治療
8. editorial　　m. 社説　　　　　　　f. 出版社
9. final　　　　m.　　　　　　　　　f.
10. frente　　　m.　　　　　　　　　f.

（終わり、最後／宮廷：法廷／切ること：刃／決勝戦／正面：額）

11. orden　　　m. 順序：整理：秩序　f. 命令：注文
12. parte　　　m. 報告　　　　　　　f. 部分
13. pendiente　m.　　　　　　　　　f.
14. pez　　　　m.　　　　　　　　　f.
15. radio　　　m.　　　　　　　　　f.

（魚／坂道／半径／ペンダント／ピッチ、タール／ラジオ）

用例

Marx es el autor de *El Capital*.	マルクスは『資本論』の著者だ。
La *capital* de Rusia es Moscú.	ロシアの首都はモスクワだ。
Aquí hay una *corriente* de aire húmedo.	ここには湿った空気の流れがある。
La reunión tendrá lugar el 20 del *corriente*.	会議は今月20日に行われるだろう。
El ejército mantiene el *orden* público.	軍は治安を維持している。
Ya se dio la *orden* de ataque.	もう攻撃命令が発せられた。

8. 複数形で使われる名詞

calcetines（靴下）、Correos（郵便局）、zapatos（靴）のように主に複数形で使われる名詞を記しましょう。

1. *a...*   郊外
2. *bodas*   結婚式
3. *celos*   嫉妬
4. *d...*   資料、データ
5. *d...*   宿題
6. *e...*   選挙
7. *escombros*   がれき、残骸
8. *fuerzas*   軍
9. *f...*   葬式
10. *g...*   めがね
11. *g...*   手袋
12. *obras*   （土木）工事
13. *p...*   ズボン
14. *tijeras*   はさみ
15. *v...*   （長い）休暇

用例

"*Bodas de sangre*" es una famosa obra de teatro de García Lorca.

『血の婚礼』はガルシア・ロルカの有名な演劇作品だ。

Hay un montón de *escombros* en el jardín.　　　　庭にがれきの山がある。

Esta calle está en *obras*.　　　　この通りは工事中だ。

★上記の名詞の中には celo（熱心さ）や fuerza（力）のように、**単数形と意味の異なるもの**もあるので注意しましょう。

9. 名詞化した形容詞

省略された名詞を下記の語群から選んで（　　）内に補いましょう。

1. (	*partido*	) amistoso	親善試合
2. (	*guardia*	) civil	治安警備隊
3. (		) coordinadora	調整委員会
4. (		) editorial	出版社
5. (		) eliminatoria	予選
6. (	*estudios*	) empresariales	経営学
7. (		) filial	子会社
8. (	*sociedad*	) inmobiliaria	不動産会社
9. (		) legislativas	議会選挙
10. (	*letra*	) mayúscula	大文字
11. (	*letra*	) minúscula	小文字
12. (		) móvil / celular	携帯電話
13. (	*empresa*	) multinacional	多国籍企業
14. (	*campeonato*	) mundial	世界選手権
15. (		) postal	郵便はがき

< casa, comisión, compañía, elecciones, prueba, tarjeta, teléfono >

用例

Ayer se disputó un *amistoso* entre España y Argentina.

　　　　　　　　昨日スペインとアルゼンチンの間で親善試合が行われた。

Estudio *Empresariales* en esta universidad.

　　　　　　　　　　　私はこの大学で経営学を学んでいる。

Amazon es una *multinacional* poderosa.　　アマゾンは強大な多国籍企業だ。

★形容詞1語だけで特定の名詞を含んだ意味で使われることがあります。日本語においても、日常会話の中で「携帯（ケータイ）」と言えば、誰でもすぐに「携帯電話」の意味と理解するのと同じ感覚です。

10. 注意したい語形：形容詞

（　　）内の名詞から形容詞を導きましょう。

1. informe	(*anual*	←	año	)	＜年次報告＞
2. momento	(	←	cruz	)	＜決定的瞬間＞
3. castigo	(	←	cuerpo	)	＜体罰＞
4. organización	(	←	crimen	)	＜犯罪組織＞
5. control	(*estatal*	←	Estado	)	＜国家統制＞
6. choque	(	←	frente	)	＜正面衝突＞
7. poder	(*judicial*	←	juicio	)	＜司法権＞
8. procedimiento	(	←	ley	)	＜法的な手続き＞
9. revista	(	←	mes	)	＜月刊誌＞
10. discriminación	(*racial*	←	raza	)	＜人種差別＞
11. juicio	(	←	razón	)	＜理性的判断＞
12. palacio	(*real*	←	rey	)	＜王宮＞
13. novela	(	←	sentimiento	)	＜感傷小説＞
14. fuerza	(	←	vida	)	＜生命力＞
15. música	(*vocal*	←	voz	)	＜声楽＞

用例

Se ha publicado el primer informe *anual* de la comisión.

委員会の最初の年次報告が発表された。

Esta situación política influye en el poder *judicial*.

この政治状況は司法権に影響を及ぼす。

Hay que condenar la discriminación *racial*.

人種差別を非難しなければならない。

11. 比較の慣用表現

比較を含んだ慣用表現を下記の語群から選んで完成させましょう。

1. Es más blanco que la (　　　　　). 　真っ白である

2. Es más bueno que el *pan*. 　とてもいい人である

3. Es más [tan] claro que [como] el *agua*. 　とてもはっきりしている

4. Es más duro que una (　　　　). 　非常に堅い

5. Es más frío que el (　　　　). 　とても冷たい

6. Es más fuerte que un (　　　　). 　とても頑丈である

7. Es más largo que un día sin (　　　　). 　とても長い

8. Es más listo que el *hambre*. 　非常にずる賢い

9. Es más viejo que *Matusalén*. 　大変な年寄りである

10. Está borracho como una (　　　　). 　へべれけに酔っぱらっている

11. Está más contento que unas (　　　　). 　大変満足している

12. Está más loco que una *cabra*. 　頭がおかしい

13. Está (nervioso) como un (　　　　). 　神経がピリピリしている

14. Duerme como un (　　　　). 　ぐっすり眠る

15. Llora como una *Magdalena*. 　大泣きする

（ cuba, flan, hielo, nieve, pan, pascuas, piedra, roble, tronco ）

★メトシェラ（**Matusalén**）は旧約聖書の創世記に登場する伝説的人物で、969歳まで生きたとされます。創世記によれば、ノアの方舟で有名なノアの祖父にあたります。新約聖書の**マグダラのマリア**（**Magdalena**）は、イエスの死と復活に立ち合う証人です。西方教会では、教義上「悔悛した罪深い女性」とされてきました。

12. ことわざ

例にならい、ことわざを完成させましょう。

Ej. **A buen hambre no hay (   ) duro.**

⇒　**A buen hambre no hay (*pan*) duro.**

＜空腹にまずいものなし＞

1. A lo hecho, (*pecho*).　　＜覆水盆に返らず＞

2. A mal tiempo, buena (   ).　　＜不幸な時こそ明るく振る舞おう＞

3. Cada loco con su (   ).　　＜誰にも得意なものがある＞

4. Cada oveja con su (*pareja*).　　＜類は友を呼ぶ＞

5. Contigo, pan y (   ).　　＜手鍋提げても＞

6. Cuando el gato no está, los (   ) bailan.　　＜鬼の居ぬ間に洗濯＞

7. Del árbol caído todos hacen (*leña*).　　＜倒れた木は薪にされる＞

8. El (*ataque*) es la mejor defensa.　　＜攻撃は最良の防御＞

9. El mundo es un (   ).　　＜世間は狭い＞

10. El (   ) es oro.　　＜時は金なり＞

11. En boca cerrada no entran (   ).　　＜口は禍の元＞

12. En casa del herrero, cuchillo de (   ).　　＜紺屋の白袴＞

13. La (*costumbre*) es otra naturaleza.　　＜習慣は第二の天性なり＞

14. La (   ) se repite.　　＜歴史は繰り返す＞

15. La letra con (*sangre*) entra.　　＜学問に王道なし＞

　　(cara, cebolla, historia, moscas, palo, pañuelo, ratones, tema, tiempo)

16. La ocasión hace al（　　　　　）.　　　＜機会は盗人を生む＞

17. La（*necesidad*）carece de ley.　　＜背に腹は代えられない＞

18. Las（*apariencias*）engañan.　　＜人は見かけによらない＞

19. La cara es el（　　　　　）del alma.　　＜顔は心の鏡＞

20. La（　　　　　）hace la fuerza.　　＜団結は力なり＞

21. Lo mejor es（*enemigo*）de lo bueno.　　＜角を矯めて牛を殺す＞

22. Mala（　　　　　）nunca muere.　　＜憎まれっ子世にはばかる＞

23. Más vale（　　　　　）en mano que ciento volando.

＜明日の百より今日の五十＞

24. No hay（*atajo*）sin trabajo.　　＜学問に王道なし＞

25. No hay（　　　　　）que cien años dure.　　＜待てば海路の日和あり＞

26. No hay（　　　　　）sin espinas.　　＜とげのないバラはない＞

27. No hay（*regla*）sin excepción.　　＜例外のない規則はない＞

28. Ojos que no ven,（　　　　　）que no siente.　　＜去る者は日日に疎し＞

29. Por dinero baila el（　　　　　）.　　＜ただでは何も得られない＞

30. Quien no ha visto Sevilla, no ha visto（*maravilla*）.

＜日光見ずして結構言うなかれ＞

（ corazón, espejo, hierba, ladrón, mal, pájaro, perro, rosa, unión ）

例にならい、ことわざを完成させましょう。

Ej. **Los duelos con pan son (　　　).**

⇒ **Los duelos con pan son (_menos_).**

　　＜生活の心配がなければ苦悩もそれだけ軽くなる＞

1. Agua (_pasada_) no mueve molino.　　＜覆水盆に返らず＞

2. Cuatro ojos ven (　　　　) que dos.　　＜三人寄れば文殊の知恵＞

3. Donde (　　　　) se piensa, salta la liebre.　　＜やぶから棒＞

4. La ropa (　　　　) se lava en casa.　　＜内輪の恥は外にさらすな＞

5. Más vale estar (_solo_) que mal acompañado.　　＜悪い仲間より一人の方がまし＞

6. Más vale (　　　　) que nunca.　　＜遅くてもしないよりはまし＞

7. No dejes para (_mañana_) lo que puedas hacer hoy.

　　　　　　　　　　　　＜今日できることを明日に延ばすな＞

8. No es tan (_fiero_) el león como lo pintan.　　＜案ずるより産むが易し＞

9. No hay (　　　　) desprecio que no hacer aprecio.

　　　　　　　　　　　　＜無視するほどひどい侮辱はない＞

10. (　　　　) caballero es Don Dinero.　　＜地獄の沙汰も金次第＞

11. No se puede vender la piel del oso (_antes_) de cazarlo.

　　　　　　　　　　　　＜捕らぬ狸の皮算用＞

12. (　　　　) llueve a gusto de todos.　　＜あちら立てればこちら立たず＞

13. Quien mucho abarca, (　　　　) aprieta.　　＜二兎を追う者は一兎をも得ず＞

14. Sobre gustos no hay nada (_escrito_).　　＜蓼食う虫も好き好き＞

15. Vísteme (　　　　), que tengo prisa.　　＜急がば回れ＞

(despacio, más, mayor, menos, nunca, poco, poderoso, sucia, tarde)

例にならい、ことわざを完成させましょう。

Ej. **El hombre (　　　　　) y Dios dispone.**

⇒ **El hombre (*propone*) y Dios dispone.**

<人事を尽くして天命を待つ>

1. A quien (*madruga*), Dios le ayuda. <早起きは三文の得>

2. Cuando el río (　　　　　), agua lleva. <火のない所に煙は立たない>

3. (　　　　　)me con quién andas y te digo quién eres.

<朱に交われば赤くなる>

4. Dios (*aprieta*) pero no ahoga. <天道人を殺さず>

5. El que no (　　　　) no mama. <泣かぬ子は乳をもらえない>

6. El saber no (　　　　) lugar. <知識があり過ぎて困ることはない>

7. Lo cortés no (　　　　) lo valiente. <礼節と勇気は相反しない>

8. Los árboles no dejan (*ver*) el bosque. <木を見て森を見ず>

9. Más vale (*prevenir*) que curar. <転ばぬ先の杖>

10. Por la boca (　　　　) el pez. <口は禍の元>

11. Quien (*calla*) otorga. <沈黙は同意のしるし>

12. Quien canta, la pena (　　　　). <笑う門には福来たる>

13. Quien mal anda, mal (　　　　). <因果応報>

14. Quien (*siembra*) vientos recoge tempestades.

<悪事の報いは大きくなって返る>

15. Todos los caminos (　　　　) a Roma. <すべての道はローマに通ず>

(acaba, di, espanta, llevan, llora, muere, ocupa, quita, suena)

13. 略語

次の略語を元の語形に直しましょう。

1. U.; V.; Ud.; Vd.	⇒	u...		あなた
2. UU.; VV.; Uds.; Vds.	⇒	u...		あなたがた
3. @	⇒	a...		アットマーク
4. a.m.（ラテン語）	⇒	*ante meridiem*		午前
5. p.m.（ラテン語）	⇒	*post meridiem*		午後
6. a.C.	⇒	*antes de Cristo*		紀元前〜年
7. d.C.	⇒	*después de Cristo*		紀元〜年
8. etc.	⇒	e...		〜など、等
9. p.; pág. / pp. ; págs.	⇒	p... / p...s		ページ
10. cm	⇒	c...		センチメートル
11. CV	⇒	c...	de vapor	馬力
12. gr	⇒	*gramo*		グラム
13. kg	⇒	k...		キログラム
14. km	⇒	k...(s)		キロメートル
15. km/h	⇒	k...(s) por hora		時速…キロメートル
16. kW	⇒	*kilovatio*(s)		キロワット
17. m	⇒	m...		メートル
18. m²	⇒	m...	c...	平方メートル
19. m³	⇒	m...	cúbico	立方メートル
20. n.°; nro.; núm.	⇒	n...		番号

21. Cía.	⇒	c...	会社
22. C.A. / S.A.	⇒	c...anónima / s...anónima	株式会社
		comunidad autónoma	／（スペインの）自治州
23. C.F.	⇒	Club de F...	サッカークラブ
24. DNI	⇒	Documento Nacional de I...	身分証明書
25. P.D.	⇒	*posdata*	（手紙の）追伸
26. D.	⇒	*don*	（成人男性に）…様、さん
27. D.[a]	⇒	d...	（女性に）…様、さん
28. Sr.	⇒	*señor*	（男性に）…様、さん
29. Sra.	⇒	s...	（女性に）… 夫人、様、さん
30. Srta.	⇒	s...	（女性に）…さん、嬢、様
31. S. M. ; SS.MM.	⇒	*Su Majestad, Sus Majestades*	国王陛下；陛下ご夫妻
32. Av.	⇒	*Avenida*	大通り
33. c.; c/	⇒	c...	～通り
34. dcha.	⇒	d...	右（側）
35. izq(da）．	⇒	i...	左（側）
36. s/n	⇒	sin n...	（住所の）無番地
37. E	⇒	*este*	東
38. O	⇒	*oeste*	西
39. N	⇒	n...	北
40. S	⇒	s...	南
41. AVE	⇒	Alta V... Española	スペイン高速鉄道（新幹線）
42. RENFE	⇒	Red Nacional de ... es Españoles	
			スペイン国営鉄道網
43. Bs. As.	⇒	*Buenos Aires*	ブエノスアイレス
44.（México) D.F.	⇒	*Distrito Federal*	（メキシコ）連邦特別区
45. EE.UU.	⇒	E... Unidos	アメリカ合衆国

略語

46. FMI	⇒	F...	Monetario Internacional	国際通貨基金、IMF
47. IVA	⇒	I...	sobre el Valor Añadido	付加価値税
48. JJ.OO.	⇒	*Juegos Olímpicos*		オリンピック（競技）大会
49. OMS	⇒	Organización Mundial de la S...		世界保健機構、WHO
50. ONG	⇒	organización no g...		非政府組織、NGO
51. ONU	⇒	Organización de las N... Unidas		国際連合、国連
52. OPEP	⇒	*Organización de Países Exportadores de Petróleo*		
				石油輸出国機構、OPEC
53. OTAN	⇒	Organización del T...	del Atlántico Norte	
				北大西洋条約機構、NATO
54. PIB	⇒	p...	interno [interior] bruto	国内総生産
55. PP	⇒	*Partido Popular*		（スペインの）国民党
56. PSOE	⇒	*Partido Socialista Obrero Español*		
				（スペインの）社会労働党
57. PYME（pyme）	⇒	p...	y mediana empresa	中小企業
58. SIDA（sida）	⇒	*Síndrome de Inmunodeficiencia Adquirida*		
				エイズ、後天性免疫不全症候群
59. UCI	⇒	Unidad de Cuidados I...		集中治療室
60. UE	⇒	Unión E...		ヨーロッパ連合、EU

> ★少なからず**略語が日常化**しているのに気づかされます。
> 　頭文字語では、複数形を EE.UU., JJ.OO. のように同じ文字を重ねて表記します。また PYME（pyme）や SIDA（sida）は、一般に浸透しよく使われる理由からそのまま新たな語彙と意識され、今では小文字で書かれることも多くなりました。

14. 正書法：つづり字

下記の文中の語における誤りを直しましょう。

1. Por cierto, ¿te interesan las antiguedades?　（ antiguedades → *antigüedades* ）
   ところで、君は骨董品に興味があるかい？

2. No sabemos en qué contesto me lo dijo.　（　　　　→　　　　）
   私たちは彼がどんな文脈でそれを言ったのか知らない。

3. Este caballo come mucha hierva.　（　　　　→　　　　）
   この馬はたくさん草を食む。

4. Estoy a la espectativa de la respuesta de mi novia.
   （ espectativa → e*x*pectativa ）　僕は恋人からの返事を期待している。

5. El mayor problema es la falta de liderasgo.　（　　　　→　　　　）
   最大の問題はリーダーシップの欠如だ。

6. Se muestra excéptico ante mi juicio.　（ excéptico → e*s*céptico ）
   彼は私の判断に懐疑的な態度だ。

7. A mi hermana le encanta aprender idiomas extrangeros.
   （ extrangeros → extran*j*eros ）　私の姉妹は外国語を学ぶのが大好きだ。

8. ¿Me pasas ese plato ondo?　（　　　　→　　　　）
   その深皿を渡してくれるかい？

9. Indudablemente esto es paradógico.　（　　　　→　　　　）
   疑う余地なくこれは逆説的だ。

10. Los dos hablaban de cosas tribiales.　（　　　　→　　　　）
    その二人は取るに足らないことを話していた。

11. Tienen derecho a botar en las elecciones generales.　（ botar → *v*otar ）
    彼らには総選挙の投票権がある。

12. El gobierno tuvo que seder ante la presión de la oposición.
    （　　　　→　　　　）　政府は与党の圧力に屈せざるをえなかった。

13. Vamos a echar la pasta en la olla al herbir el agua.　（ herbir → her*v*ir ）
    お湯が沸いたら鍋にパスタを入れよう。

14. Hay que protejer a los niños de accidentes de tráfico.
    （　　　　→　　　　）
    子どもたちを交通事故から守らなければならない。

15. Oigo crugir las hojas caídas.　（　　　　→　　　　）
    私は落ち葉がカサカサと音を立てるのが聞こえる。

15. 正書法：アクセント符号

下記の文中、アクセント符号を必要な語に補いましょう。

1. Tiene un caracter muy fuerte.　　彼はとても強い性格だ。

2. Cuidado, los vasos son *frágiles*.　　気をつけて、コップは割れやすいよ。

3. En aquel entonces la gente vivía por termino medio 50 años.
　　その当時、人々は平均50年生きていた。

4. Tuve que esperar casi una hora en el *andén*.
　　私はホームでほぼ1時間待たねばならなかった。

5. Este calculo no es exacto.　　この計算は正確でない。

6. Tengo que ir a la *comisaría*.　　警察署に行かなければならない。

7. El enfermo está en estado critico.　　病人は危篤状態だ。

8. Esta bomba es capaz de extraer 100 metros cubicos de agua por hora.
　　このポンプは一時間に100立方メートルの水を汲み出せる。

9. Aquí hay varios *depósitos* de gasolina.
　　ここにはいくつかガソリンタンクがある。

10. No me gusta este genero de novelas.　　私はこの種の小説がきらいだ。

11. Ya ha dejado el *hábito* de fumar.　　彼は喫煙の習慣をやめた。

12. El prologo de este libro es aburrido.　　この本の序文は退屈だ。

13. ¿Quieres explicarme el *porqué* de tu negativa?
　　断りの理由を説明してくれるかい？

14. Ahora hay muchos menos teléfonos publicos que antes.
　　今は以前より公衆電話がずっと少ない。

15. Estos votos no son validos.　　これらの票は有効でない。

16. Un poco más, ¡animo!　　もう少しだ、がんばれ！

17. Me interesa mucho este articulo del periódico.
　　私は新聞のこの記事にとても興味がある。

18. Esta novela tiene once *capítulos*.　　この小説は11章からなる。

19. Ese ordenador no figura en el *cátalogo*.
　　そのコンピュータはカタログに載っていない。

20. Así se puede salir del circulo vicioso.　　そのように悪循環から抜け出せる。

21. Esto es un gran estimulo para mí.　　これは私にとって大きな刺激だ。

22. Hay que contar el numero de personas de la lista.
　　名簿の人数を数えなければならない。

23. ¿Qué dice el *pronóstico* del tiempo?　　天気予報は何と言っているかい？

24. No me acuerdo del titulo de la obra.　　私は作品の題名を覚えていない。

25. Los dos tienen estrechos *vínculos* de amistad.
　　その二人には緊密な友情の絆がある。

26. Actuamos en *legítima* defensa.　　私たちは正当防衛で振舞った。

27. El agua es liquida.　　水は液体だ。

28. Desde aquí se puede disfrutar del *magnífico* panorama de la ciudad.
　　ここから町の素晴らしい絶景が楽しめる。

29. El teléfono inteligente es muy practico en la vida diaria.
　　スマートフォンは日常生活でとても役に立つ。

30. ¡Feliz Navidad y Prospero Año Nuevo!
　　メリークリスマス、そして良き新年を！

★正書法 ortografía は大事

アクセント記号の有無だけで意味が変わることもあるので、おろそかにできません。

例．aun（さえも）/ aún（= todavía まだ）

término（終わり）/ termino（私は終える）/ terminó（彼・彼女・あなたは終えた）

動詞の活用においても、上の例で分かるようにアクセントの位置だけで主語も時制も変わってしまいます。

正書法・アクセント符号

語彙を豊かに増やすスペイン語練習帳

検印省略	© 2021 年 1 月 30 日　初版発行
著　者	上　野　勝　広
発行者	原　　雅　久
発行所	株式会社　朝　日　出　版　社

101-0065　東京都千代田区西神田 3-3-5
電話直通　(03)3239-0271/72
振替口座　00140-2-46008
http://www.asahipress.com/

組　版	有限会社ファースト
印　刷	信毎書籍印刷株式会社
